PROCESO PERSONAL DE HUMANIZACIÓN

RAFAEL CARRANZA M.

Reservados todos los derechos. No se permite la reproducción total o parcial de esta obra, ni su incorporación a un sistema informático, ni su transmisión en cualquier forma o por cualquier medio (electrónico, mecánico, fotocopia, grabación u otros) sin autorización previa y por escrito de los titulares del copyright. La infracción de dichos derechos puede constituir un delito contra la propiedad intelectual.

El contenido de esta obra es responsabilidad del autor y no refleja necesariamente las opiniones de la casa editora. Todos los textos fueron proporcionados por el autor, quien es el único responsable sobre los derechos de reproducción de los mismos.

Publicado por Ibukku
www.ibukku.com
Diseño y maquetación: Índigo Estudio Gráfico
Copyright © 2022 Rafael Carranza M.
ISBN Paperback: 978-1-68574-106-8
ISBN eBook: 978-1-68574-107-5
LCCN: 2022905042

Tabla de Contenido

Introducción	5
A. AUTOCONOCIMIENTO	13
B. PRÁCTICA DEL MANDAMIENTO DEL AMOR	19
a) Principios de Acción:	19
b) Principios de Actitud:	19
C. MANEJO RESPONSABLE DE MIS FACULTADES HUMANAS	23
a) Conciencia	26
b) Imaginación	41
c) Libertad	47
d) Inteligencia	50
e) Acción	56
f) Emotividad	60
D. AUTOEVALUACIÓN DE MIS ACCIONES PARA RETROALIMENTAR MI AUTOCONOCIMIENTO	66
E. RECOMENDACIONES	83
Epílogo	86

Introducción

Definición de *PROCESO:*
Es el conjunto de actividades o eventos (coordinados y organizados) que se realizan o suceden (alternativa o simultáneamente) bajo ciertas circunstancias, con un fin determinado.

Definición de *HUMANIZACIÓN:*
Acción y efecto de fomentar que las personas actúen sin causarse perjuicio y sin ocasionar perjuicio a los demás.

El Proceso Personal de Humanización propicia a quien lo practique, el poder disfrutar:
- de su Felicidad
- de su Paz interior
- de su Realización como ser viviente.

Los siguientes son los pasos que conforman el *Proceso Personal de Humanización*:

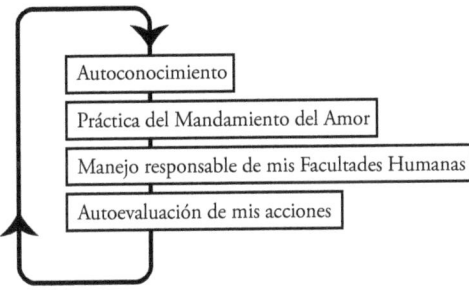

Introducción

❏ Como se puede observar, al vincularse la Autoevaluación con el Autoconocimiento, mediante la retroalimentación, ello permite que el proceso sea cíclico y por consiguiente favorable al *mejoramiento continuo* en cuanto al grado de Humanización de cada persona.

❏ Para apoyar en la presente monografía, la lógica y la comprensión del Proceso Personal de Humanización, se citan a continuación unas definiciones y unas apreciaciones, algunas de ellas expresadas de manera no común, pero eso sí, respetándoles su verdad y su trascendencia:

- Significado de SER: Pensar y actuar con sentido de Humanización.
- Significado de "Poseer": Tener dinero, propiedades, poder, fama, imagen, habilidades, conocimientos, sabiduría.
- Los "Principios de acción" del Mandamiento Cristiano del Amor son: *servir, respetar, compartir, reconocer, comprender, aceptar y perdonar.*
- Los "Principios de actitud" del Mandamiento Cristiano del Amor son: *humildad, sencillez, responsabilidad, altruismo, indiscriminación, sinceridad, sensatez, coherencia y compromiso.*
- Las "Facultades humanas" consideradas en el presente estudio son: *conciencia, imaginación, libertad, inteligencia, acción, emotividad.*
- Significado de "Ego": quien uno cree que es.
- Significado de "Yo": quien uno es en la realidad.
- Significado de "humildad": Ausencia completa de orgullo y presunción. (otras acepciones de éste término, no se consideran en el presente estudio).

- La no actuación con "humildad" es un motivo para que el "Ego" se desvíe con respecto a la realidad inherente del "Yo"
- El desvío de mi "Ego" con respecto a la realidad inherente de mi "Yo", me desfavorece para SER.
- Significado de "Felicidad": Estado de satisfacción personal *permanente*, originado por el manejo y el disfrute sano y responsable de la vida.
- La Felicidad la *cultiva uno mismo*, al pensar y actuar de manera acorde con el compromiso de SER.
- Significado de "Placer": Gozo *momentáneo* que resulta, al satisfacerse necesidades humanas propias de nuestra sensualidad y de nuestros deseos.
- El "Placer" no lo cultiva uno mismo, este se *obtiene*.
- El "Placer" obtenido mediante actitudes y acciones sanas y responsables genera "Felicidad".
- El "Placer" obtenido mediante actitudes y acciones no sanas ni responsables genera "Infelicidad"
- A la persona que se preocupa por SER, le es fácil cultivar su "Felicidad".
- A la persona que se preocupa por "Poseer" y no supedita ese deseo a su compromiso de SER, le es imposible cultivar su "Felicidad."

❏ El Proceso Personal de Humanización implica manejarlo en forma libre; por lo tanto, no conviene entenderlo como un código normativo de aplicación genérica.

❏ Su desarrollo requiere: aceptación de su enfoque, dedicación, exigencia, entusiasmo, compromiso.

❏ Su configuración está compuesta por los conceptos que se manejan en el campo de la humanización, los cuales aparecen analizados aquí, no en forma suelta, sino de manera integrada. Este Proceso además de proporcionales coherencia y realce a los conceptos, favorece al mejor entendimiento de los mismos.

❏ Su método de aplicación está basado en la práctica del sentido común, en el darle prioridad a lo trascendente, en el realizarlo con mente despierta y abierta, en el liberarnos de parte nuestra con respecto a convencionalismos que no tienen sentido.

❏ Una recomendación importante a cumplir durante el Proceso, es simplemente la de saber distinguir: *"lo sano y lo no sano, tanto para el ser humano como para la naturaleza".*

❏ Un compromiso favorable para el buen manejo de la humanización, es el de actuar considerando *"la aceptación de la realidad"* en todas sus manifestaciones. Ello implica el aceptar las realidades de la vida tal como se nos presentan, el aceptar a los demás tal como son y el aceptarme plenamente a mí mismo, con mis imperfecciones, con mis debilidades, con mis fortalezas, con mi forma de ser.

❏ El Proceso nos invita tanto a *aceptarnos como somos*, como también a *mejorar constantemente como personas*, lo cual implica considerar, que aunque no somos perfectos, si debemos estar siempre dispuestos para mejorar, que aunque no estamos siempre despiertos mentalmente, si debemos contar con la actitud para estar suficientemente alertas al buscar el mejoramiento de nuestra humanización, que aunque no somos totalmente resistentes al dolor y al sufrimiento, si debemos valernos de recursos para suavizar las adversidades; que aunque no somos autosuficientes, si debemos estar convencidos en cuanto la necesidad de apoyarnos unos a otros.

❏ Para mejorar nuestro nivel de humanización mediante este Proceso Cíclico Continuo, debemos tener como objetivos: *fortalecer día a día nuestro Autoconocimiento, practicar los principios de acción y de actitud del Mandamiento Cristiano del Amor y ser responsables en el manejo de las Facultades humanas*. Lo anterior requiere: saber convivir, saber realizarnos, comprometernos en un actuar que nos dignifique, saber disfrutar sana y responsablemente los placeres, procurarnos tranquilidad, ser valientes ante las adversidades, no actuar considerando premisas equivocadas y preocupándonos prioritariamente por SER y no por "Poseer".

❏ La metodología del presente informe consiste en: *explicar e integrar con suficiencia los conceptos* que se manejan en el Proceso y a la vez, en el *acompañar con ejemplos que dan ideas de "cómo realizarlo"*. Se espera con ello, facilitar el logro de resultados provechosos para quien lo practique.

❏ Aunque este Proceso está concebido para *desarrollarlo básicamente de manera personal*, el mismo se presta también para *enriquecerlo de manera grupal*, pues el diálogo, la reflexión conjunta, el aprender de otros, favorece a la introspección y a nuestra complementariedad. Con el fin de que ésta socialización resulte benéfica al crecimiento personal, es condición que en ella exista un total respeto por la individualidad y por la privacidad de las personas integrantes; por lo tanto esta socialización se debe concebir, para que el enriquecimiento grupal se desarrolle en un ambiente exento de "confrontación y polémica", lo cual permite favorecer también, el carácter "Personal" del Proceso de Humanización.

❏ El mejoramiento continuo de mi estado de humanización trasciende en la siguiente forma:

- Permitiéndome día a día lograr mayor madurez como persona.
- Estimulándome la confianza que debo tener en mí mismo.
- Favoreciendo tanto mi realización sana y responsable, como también mí progreso personal.
- Fortaleciendo en mí la paz interna que favorece a mi espíritu.
- Fortaleciendo en mí la paz externa que favorece, tanto a mi relación con mi prójimo, como a mi trato con la naturaleza.
- Propiciándome el verdadero disfrute de la vida.
- Estimulándome a aplicar con sencillez y efectividad: mi sensatez y mi sentido común.
- Recordándome que debo reconocer y aceptar mis imperfecciones como algo natural.
- Evitando que creencias de mi mente, sin fundamento real, ocasionen actuaciones impropias de mi parte.
- Haciéndome consciente de mi propio valor humano.
- Originando en mí el sentido real de la felicidad.
- Aclarándome que para mejorar mi nivel de humanización, "únicamente debo depender de mí mismo".

- Haciéndome caer en cuenta, que el mejoramiento de mi nivel de humanización, favorece al ambiente de humanización de mi entorno.
- Propiciando que mis pensamientos y mis actuaciones sean coherentes con los principios de una vida sana. Es decir propiciando la administración responsable de mi vida que me permite SER.

❏ En la configuración del presente estudio, fue determinante el usar una terminología sencilla en su redacción, con la intención de hacer comprensible el Proceso Personal de Humanización al común de los interesados en practicarlo.

A. AUTOCONOCIMIENTO

Definición de *AUTOCONOCIMIENTO:*
Es el resultado del proceso reflexivo mediante el cual la persona adquiere noción de su ser, de sus cualidades, de sus características. Fases del Autoconocimiento son: la autopercepción, la autobservación, la memoria autobiográfica, la autoestima, la autoaceptación.

"Todo lo que vive tiende a realizarse en la plenitud de su ser. El hombre, ser vivo y pensante al mismo tiempo, para realizarse debe ante todo conocerse."
(Mijail A. Bakunin 1814-1876)

Consideraciones al respecto:

❏ Lo valioso de mi cuerpo y de mi mente "me lleva a aceptar sin duda alguna": que mi existencia es obra de un Ser supremo superior a mi entendimiento.

❏ Cada ser humano posee sus propias fortalezas y sus propias habilidades. Los seres humanos nos complementamos, al compartir entre sí nuestras fortalezas y nuestras habilidades.

❏ Entre más me conozco, mejor entiendo a los demás y por lo tanto más estimulo mi sentido de convivencia.

Autoconocimiento

- Entre más me conozco, más me amo. Entre más me ame, más fácil me queda amar a mi prójimo.

- Entre más me conozco, más libre soy internamente, es decir menos dependencias o apegos origino hacia las personas o hacia las cosas y por lo tanto, actúo con más autonomía.

- El cometer equivocaciones y errores, son situaciones propicias para aprender a evitar o a corregir estas acciones posteriormente.

- No debo acomplejarme por no ser perfecto o por tener debilidades, pues soy humano.

- Hay que partir de la base que aunque somos y seremos siempre seres no perfectos, lo que sí está a nuestro alcance es el lograr si nos lo proponemos, mejorar nuestras fortalezas y atenuar nuestras debilidades.

- No debo considerarme más que otro, ni menos que otro, pero eso sí, diferente a los demás.

- Comprendo que debo afrontar con entereza y humildad, la forma de acrecentar mi autoconocimiento.

- Mi autoconocimiento se fortalece, al considerar tanto la manera como yo confronte mis acciones y actitudes con la práctica del Mandamiento del Amor, como también al considerar la responsabilidad como yo administre mis Facultades Humanas.

- La introspección es la observación que una persona efectúa a su propia conciencia o a su estado de ánimo.

- Entre más me preocupe por mi Autoconocimiento, más me valoro y me entiendo.

- Entre más me valoro y me entiendo, más conozco y comprendo el mundo en que vivo.

- Entre más conozco y comprendo el mundo en que vivo, más fácil me resulta reconocer el origen de mis errores y de mis miedos, lo cual permite el poder liberarme de los mismos.

- Entre más me libere de mis errores y de mis miedos, mejor encauso mi realización.

- El mundo que nos rodea no siempre nos es favorable. Por consiguiente, el preocuparnos por conocernos lo mejor posible, nos exige: salvar obstáculos, aprovechar oportunidades, propiciar la realización personal, saber aceptar situaciones que se nos salen de nuestras manos, comprender que no todo es rosa, como también que no todo son espinas. En consecuencia, el autoconocimiento permite el mantenernos preparados para saber manejar las realidades de la vida.

- El evaluar mis acciones, permite analizarme y retroalimentarme en favor de mi autoconocimiento.

- Favorecer mi Autoconocimiento significa: madurar como persona.

Autoconocimiento

❑ Una condición favorable para el buen manejo de mi Autoconocimiento, es el de considerar la realidad de mi ser, Lo cual exige el aceptarme plenamente, con mis imperfecciones, con mis debilidades, con mis fortalezas, con mis habilidades, con mi personalidad.

❑ Entre más me conozca, es decir entre más madure como persona, menos propensión presentará mi Ego (quien creo que soy) para desviarse con respecto a la realidad inherente de mi Yo (quien realmente soy).

❑ Mi valiosa condición humana y mi individualidad, respaldan mi compromiso en cuanto a aceptarme plenamente por ser como soy y en cuanto a madurar constantemente como persona, lo cual implica considerar: que aunque no soy perfecto, si debo estar siempre dispuesto para mejorar mi forma de ser; que aunque no estoy siempre despierto mentalmente, si debo contar con la actitud para estar suficientemente alerta al buscar el desarrollo de mi humanización; que aunque no soy totalmente resistente al dolor y al sufrimiento, si me debo valer de recursos para suavizar las adversidades que se me presentan; que aunque no soy autosuficiente, si debo estar convencido en cuanto a la necesidad de apoyarnos unos a otros.

❑ La atención que merece mi valioso ser me compromete, a aprovechar con sensatez y suficiencia los recursos físicos, psíquicos y espirituales que me brinda la vida, como también a propiciar la salud de mi cuerpo, la madurez de mi mente y la tranquilidad de mi espíritu.

Aspectos importantes a considerar en mi Autoconocimiento:

- Mi individualidad, la cual es única, irrepetible y por consiguiente valiosa.
- Mis características personales: físicas, psíquicas y espirituales.
- La capacidad de mí ser, para regenerarse, defenderse y en lo posible curarse.
- La ayuda de mi ser, al avisarme en lo posible cuando algo le afecta.
- Mi sensibilidad, mis criterios, mis gustos, mis deseos.
- Mis necesidades básicas, mis compromisos prioritarios, el enfoque de mi realización.
- Mis oportunidades, mis limitaciones, mis carencias y mis excesos.
- Mis fortalezas, mis habilidades, mis imperfecciones, mis debilidades. mis dependencias y mis apegos.
- El saber que puedo robustecer mis fortalezas y mis habilidades si me lo exijo.
- El saber que puedo atenuar mis imperfecciones, mis debilidades, mis dependencias y mis apegos si me lo propongo.
- Mi don de la conciencia, con la cual puedo encausar responsablemente mis pensamientos y mis actos.
- El poder de mi imaginación y el manejo responsable que le doy a la misma.
- La aplicación de mi libertad, y el disfrute que ella me origina al actuar con responsabilidad.
- El poder de mi inteligencia y la forma como la aprovecho, para lograr resultados favorables que me beneficien y que a la vez beneficien al ambiente y a las personas de mi entorno.

Autoconocimiento

- El poder de mi facultad de acción y la aplicación inteligente y responsable como la realizo.
- El comprender las manifestaciones de mi emotividad y el entender el mensaje tácito que ellas me expresan.
- Mi interrelación con el entorno. Mi proyección hacia el futuro.
- El manejo responsable que le doy a mi evolución y a mi capacidad de adaptación.
- El entender que de mi depende para estar alerta, para reconocer la verdad, lo real y lo trascendental.
- Mi actitud ante las dificultades propias de la vida y el manejo que asumo para resolverlas y minimizarlas.
- La aceptación de mi "Ego" como (quien creo que soy) y la de mi "Yo" como (quien realmente soy).
- Al comprender que no soy perfecto y que nunca lo seré, me obliga a aceptar con humildad esta realidad.
- El entender que de mí depende disfrutar la felicidad, si sé cultivarla.

Al considerar este resumen de ideas y teniendo en cuenta el criterio personal, conduce a que uno se pregunte:

¿Qué tanto me preocupo por desarrollar mi AUTOCONOCIMIENTO?

Lo cual equivale a preguntar:

¿Qué tanto me preocupo por MADURAR como persona?

B. PRÁCTICA DEL MANDAMIENTO DEL AMOR

"Amarás al Señor tu Dios con todo tu corazón, con toda tu alma y con toda tu mente"
"Amarás al prójimo como a ti mismo"
Mt 22(36-40)

Este mandamiento implica:

a) Principios de Acción:

RESPETAR	*Mt 19(16-19)*	*Mc 10(17-19)*	*Lc 18(18-20)*
SERVIR	*Lc 10(30-35)*		
COMPARTIR	*Mt 19(20-21)*	*Lc 18(21-22)*	
RECONOCER	*Lc 21(1-4)*	*Mc 12(41-44)*	
COMPRENDER	*Jn 8(1-11)*		
ACEPTAR	*Mt 7(1-3)*	*Lc 6(37-39)*	
PERDONAR	*Mt 6(14-15)*		

b) Principios de Actitud:

HUMILDAD	*Lc 14(10-11)*	
SENCILLEZ	*Mt 6(1-8)*	
RESPONSABILIDAD	*Mt 21(28-31)*	
ALTRUISMO	*Lc 14(12-14)*	
INDISCRIMINACIÓN	*Mt 5(43-48)*	*Lc 6(27-36)*

SINCERIDAD   *Mt 15(7-9)*
SENSATEZ   *Mt 25(1-12)*
COHERENCIA   *Mt 5(27-29)*
COMPROMISO   *Mt 25(31-40)*

Los Principios del Mandamiento Cristiano del Amor, corresponden a los Principios de una filosofía de vida sana y se identifican muy bien con la vivencia del Proceso Personal de Humanización, Lo anterior se confirma al considerar lo siguiente:

❑ Como los seres humanos, con nuestras habilidades personales nos complementamos entre sí, por ello la trascendencia de practicar los Principios de Acción: Servir, Respetar, Compartir, Reconocer.

❑ Como el ser humano es un ser imperfecto, con debilidades propias; por ello la importancia de practicar los Principios de Acción: Comprender, Aceptar y Perdonar.

❑ Como el Mandamiento Cristiano del Amor implica no solo amar a los demás, sino también amarse a uno mismo, por ello la importancia de aplicar en mí, la práctica de: Servirme, Respetarme, Compartirme, Reconocerme, Comprenderme, Aceptarme y Perdonarme.

❑ Como el ser humano debe considerar condiciones para actuar sanamente y de manera integral, por ello la importancia de exigirse, poniendo en práctica los Principios de Actitud del Mandamiento Cristiano del Amor: Humildad, Sencillez, Responsabilidad,

Altruismo, Indiscriminación, Sinceridad, Sensatez, Coherencia y Compromiso.

❏ Cuando se habla del Amor en la presente monografía, se refiere al Amor para con Dios, lo cual de acuerdo a la filosofía de vida cristiana implica: Amar al prójimo como a mí mismo. Este Amor comprende entonces: al Amor propio, al Amor por vínculo de pareja, al Amor por vínculos de familia, al Amor por vínculos de amistad, al Amor por práctica de la caridad. En consecuencia, los Principios de Acción y de Actitud del Mandamiento cristiano del Amor, se deben considerar para todas estas manifestaciones del Amor.

❏ Los Principios de una filosofía de vida sana, están por encima de los Valores humanos, pues cuando estos últimos no son "coherentes" con los primeros, en esos casos pierden su razón de ser. Un ejemplo al respecto es el del narcotraficante que realiza donaciones (acción sana), con base en las ganancias de su negocio ilícito (acción no sana).

❏ Como el ser humano no vive en un mundo utópico en cuanto a perfección, por ello debemos aprender a convivir con el prójimo, tanto en las situaciones favorables como en las situaciones adversas de la vida.

❏ El amar a Dios como es Su deseo, me implica: ser responsable conmigo mismo. con mi familia, con mi comunidad, con mi trabajo y exigirme con suficiencia para convivir en armonía con lo creado.

❏ El compromiso respecto a la práctica de la filosofía de vida cristiana, nos conduce no sólo a vivenciar el Mandamiento del Amor, sino también a proyectarlo, lo cual se logra cumpliendo con el respeto ecológico que nos merece la naturaleza y con el testimonio que manifestemos mediante nuestras acciones y actitudes sanas.

❏ En el Proceso Personal de Humanización, cuando se habla de filosofía de vida sana, se está hablando de una filosofía de vida que conlleve a no causarnos perjuicio, ni causarle perjuicio a los demás. Ante este requisito queda fácil señalar, que la práctica del Mandamiento Cristiano del Amor, cumple a cabalidad con el mismo.

❏ Los Principios del Mandamiento Cristiano del Amor son la pauta apropiada para evaluar mis acciones y por consiguiente para fortalecer mi Autoconocimiento.

❏ El Mandamiento Cristiano del Amor, por su trascendencia, es la enseñanza adecuada para mejorar nuestro nivel de humanización.

Al considerar los principios de la filosofía de vida cristiana, como también el criterio personal, conviene que uno se cuestione:

¿Qué tanto practico EL MANDAMIENTO CRISTIANO DEL AMOR, como conjunto de Principios fundamentales para manejar y disfrutar responsable y sanamente mi vida?

C. MANEJO RESPONSABLE DE MIS FACULTADES HUMANAS

Definición de *FACULTADES HUMANAS:*
Capacidades o potencialidades que posee el ser humano, utilizables en el desarrollo de su propia maduración como persona.

❏ Por sentido práctico, en el presente análisis tendremos en cuenta tan sólo las *Facultades humanas*: **Conciencia, Imaginación, Libertad, Inteligencia, Acción** y **Emotividad,** considerando que estas implican mayor grado de complejidad para su manejo y porque las mismas a su vez incluyen a otras.

❏ El ***Manejo idóneo de las facultades humanas*** es vital para el desarrollo del Proceso personal de Humanización. Como este manejo implica responsabilidad, en consecuencia para aprovecharlas favorablemente, es conveniente supeditar su aplicación a los Principios de una Vida Sana, al respeto de la verdad, al respeto de lo trascendental, al respeto de la realidad

❏ El marco para el *manejo responsable* de las Facultades humanas se define, mediante el propósito de actuar sin causarnos perjuicio y a la vez sin causarle perjuicio a los demás; es decir, mediante el propósito de actuar practicando una filosofía de vida como la del Amor cristiano.

FACULTADES HUMANAS

❏ Para el manejo responsable de las Facultades humanas nos conviene: estar al tanto en cuanto a conocernos día tras día lo mejor posible, encausar sanamente nuestras propias habilidades y debilidades, practicar los principios y valores que nos dignifican como humanos y definir un plan personal de vida favorable al cumplimiento de nuestra misión fundamental, como es la de honrar la obra del Creador a todo momento.

❏ El manejo responsable de las Facultades humanas implica: *el aprovechar estas herramientas con suficiencia*, pues si nos dejamos manejar por la pereza, por la indiferencia, por la negligencia, por el temor, por el orgullo, por el Ego alterado; quedaremos en condiciones de "no aplicarlas, aplicarlas a medias o aplicarlas en forma equivocada"

❏ El manejo responsable de las Facultades humanas implica también: *el administrar estas herramientas con eficacia,* pues si nos descuidamos en su correcta aplicación, los resultados consecuentes serán diferentes o contrarios a lo esperado.

❏ Entre mejor administre mis Facultades humanas, más confianza me tendré así mismo, más autonomía adquiriré para manejar mi vida, más fácil me quedará el alcance de logros y más favorecida me resultará mi realización.

❏ Las siguientes dos definiciones se prestan para reconocer la importancia de administrar adecuadamente las Facultades Humanas:

Suerte: Obtener algo por casualidad, existiendo escasas probabilidades de consecución y confiando en algunos casos con "supuestas ayudas" como: amuletos, cruces de dedos y medios similares.

Éxito: Lograr algo por esfuerzo personal, apoyándose para aumentar probabilidades de consecución, en un adecuado manejo de las Facultades humanas.

a) Conciencia

Definición de *CONCIENCIA*:

Conocimiento que el ser humano posee sobre sí mismo, sobre su existencia y sobre su relación con el mundo. Facultad humana para abstenerse de proceder con pensamientos, sentimientos y comportamientos que causen perjuicio a sí mismo o le causen perjuicio a los demás.

"La Conciencia es la presencia de Dios en el hombre."
(Víctor Hugo 1802-1885)

❏ La introspección es la observación que una persona hace de su propia conciencia o de su estado de ánimo.

❏ Un compromiso trascendente para mi toma de conciencia, es el de ante todo preocuparme por SER.

❏ SER es pensar y actuar responsablemente y de manera coherente con principios de vida sana, es decir pensar y actuar con sentido de Humanización.

❏ Nuestra imagen de honestidad, integridad y transparencia debe corresponder, a nuestra forma sana y responsable de pensar y actuar.

❏ La estructuración de la conciencia se favorece, al apoyarla en la práctica del sentido común, en el darle prioridad a lo trascendente, en el aprovecharla con mente despierta y abierta, como también en el liberarnos de parte nuestra con respecto a convencionalismos que no tienen sentido.

- Como nuestra mente no siempre profundiza con suficiencia la búsqueda para reconocer la verdad, lo real y lo trascendental, por ello el hombre se manifiesta algunas veces, ignorante, engañado o equivocado; esta situación nos impide entonces, atender y entender adecuadamente los dictados de nuestra conciencia.

- Vivimos en un mundo de situaciones reales, acompañadas de consideraciones ficticias, por lo tanto, hay que saberlas diferenciar bien, para entenderlas adecuadamente y para tomar decisiones de manera apropiada.

- Nuestro ser vive en un ambiente donde los engaños, las mentiras, las equivocaciones las exageraciones y las creencias sin fundamento, nos pueden llevar a donde no deseamos, si no sabemos reconocer y esquivar estas situaciones.

- Un compromiso importante del ser humano, favorable a la convivencia del mismo, es el de cumplir con los deberes cívicos del entorno en que vive.

- Una responsabilidad trascendente del ser humano, es la de velar por el respeto ecológico que merece la naturaleza, pues con ello evitamos de manera sana y responsable: el causarnos perjuicio, el causarle perjuicio a los demás y el causarle perjuicio al mundo en que vivimos, ya sea en forma directa, ya sea en forma indirecta o ya sea con repercusión futura que afecte al conjunto "naturaleza-hombre".

- Para este propósito debemos tener bien claro, que el *progreso humano* no debe desfavorecer en ningún momento, la *gestión racional de la naturaleza,* ni la de su *conservación, ni la de su biodiversidad.*

❏ En consecuencia, es nuestra responsabilidad realizar lo que esté a nuestro alcance, para evitar que acciones humanas equivocadas intervengan impropiamente al conjunto "naturaleza-hombre". Al respecto por ejemplo, debemos ser conscientes en cuanto al cumplimiento de nuestros siguientes compromisos:

- Evitar la contaminación de nuestra atmósfera, de nuestra vegetación, de nuestra fauna, de nuestros ríos, de nuestros mares.
- Manejar inteligentemente las basuras.
- Manejar apropiadamente los desechos industriales.
- Racionalizar la deforestación, la explotación minera,
- No aceptar que se originen intervenciones transgénicas desfavorables al ser humano, en el cultivo de nuestros alimentos.
- No aceptar que se incluyan elementos nocivos a nuestra salud, tanto en el procesamiento de productos alimenticios como en el procesamiento de productos farmacéuticos.

A continuación se citan algunos ejemplos que conducen a entender y a atender nuestra propia conciencia:

En relación con el Amor al prójimo, pues:

- Reconozco que mi inteligencia admite por sentido común, la existencia de un Ser superior a mi entendimiento, al cual le debo mi vida.

- Reconozco que mi compromiso con Dios, es el de amarlo a través del Amor a mi prójimo y del Amor para conmigo mismo.
- Reconozco que la práctica del Mandamiento Cristiano del Amor, o de una filosofía de vida similar, se ajusta a los propósitos sanos de actitud y de acción del ser humano.

En relación con el manejo de las Facultades humanas, pues comprendo que:

- Debo manejar responsablemente mi imaginación y a la vez evitar que mi imaginación maneje mi ser.
- Debo manejar responsablemente mi libertad y a la vez evitar que mi libertad maneje mi ser.
- Debo manejar responsablemente mi inteligencia y a la vez evitar que mi inteligencia maneje mi ser.
- Si no aplico constante y suficientemente mi inteligencia, desaprovecho este don, pierdo autoconfianza y creo dependencia de otras personas para solucionar problemas personales.
- Debo manejar inteligente y responsablemente mi acción y a la vez evitar que mi acción maneje mi ser.
- Debo manejar responsablemente mis períodos de descanso y a la vez evitar que mis períodos de descanso manejen mi ser.
- Debo manejar responsablemente mis períodos de recreación y a la vez evitar que mis períodos de recreación manejen mi ser.
- Debo manejar inteligente y responsablemente mi emotividad y a la vez evitar que mi emotividad maneje mi ser.

- Debo manejar responsablemente mi Ego y a la vez evitar que mi Ego maneje mi ser.
- Debo actuar, manejando de manera acorde y coherente: mi conciencia, mi imaginación, mi libertad, mi inteligencia, mi acción y mi emotividad.

En relación con mi actitud para manejar las realidades de la vida, pues debo estar alerta para:

- Profundizar lo suficiente en cuanto al conocimiento de la realidad, la verdad y lo trascendental; de lo contrario, estaré propenso a vivir engañado o equivocado.
- Reconocer que debo "desprogramarme" de lo que me han (o me he) inculcado, cuando al madurar, no le encuentro ni fundamento, ni sentido.
- Reconocer que debo cuestionarme en cuanto al actuar obedeciendo "convencionalismos", cuando estos con el tiempo, pierden su razón de ser.
- Reconocer que debo sacudirme "normatividades" cuando mi razón no las acepta.
- Aceptar las realidades de la vida tal como se nos presentan.
- No esperar que la vida nos puede ofrecer todo lo que deseamos.
- Filtrar y cuestionarme lo que me dicen, para no aceptar como cierto lo que no es.
- Reconocer que yo no soy más ni menos que los demás, pues simplemente soy diferente.
- Reconocer, que mi Ego es "quien creo que soy" y mi Yo es "quien realmente soy". Al respecto debo aceptar, que las manifestaciones de diferencia entre los

dos, obedecen a *desviaciones de mi "Ego" con respecto a la realidad inherente de mi "Yo".*
- Llegar al fondo, a la causa raíz de los problemas, ya que con esta actitud, puedo definir soluciones de manera acertada.
- Evitar volverme dependiente, ingenuo, débil, cuando me dejo manejar por ambiciones y situaciones no sanas como la codicia, la vanidad, la presunción, el orgullo, el consumismo, el fanatismo, el alcoholismo, la drogadicción.
- No permitir ser víctima de los deshonestos, los cuales están al acecho para manejarme cuando actúo ingenuamente o cuando me dejo llevar de ambiciones no sanas.

En relación con la forma de atender verdades que tienen que ver con mí ser, pues:

- Debo amar a mi prójimo, por el disfrute de amar y sin esperar correspondencia.
- Soy y seré siempre imperfecto. Por lo tanto no debo acomplejarme por ello.
- Soy y seré siempre diferente a los demás.
- Soy y seré siempre parte de un conjunto humano.
- Debo siempre aceptarme tal como soy.
- Debo aceptar que mis problemas los causo yo, con mi forma de entender, de pensar y de actuar; pues la verdad es que no me los causan los demás.
- El no aplacamiento de nuestros deseos obsesivos, es un motivo que nos genera fácilmente situaciones de sufrimiento.

- Entiendo que tanto el mundo como mi ser cambian con el paso del tiempo; en consecuencia, debo estar dispuesto para evolucionar y adaptarme.
- Entiendo que puedo acrecentar y aprovechar mis fortalezas.
- Entiendo que puedo minimizar y atenuar mis errores, mis debilidades, mis dependencias y mis apegos.
- Entiendo que día a día estaré madurando, si me lo propongo.
- Considero que el primer paso para cambiar, es tomar conciencia de la conveniencia del cambio, el segundo es aceptar el cambio con humildad.
- Comprendo que al aceptar mis imperfecciones, ello me estimula para corregirme.
- Comprendo que al aceptar mis equivocaciones, ello me estimula para no repetirlas.
- Comprendo que puedo liberarme de emotividades negativas, al encontrar y aceptar las causas que las originan.
- Comprendo que puedo descubrir aspectos desconocidos favorables a mi toma de conciencia, si me lo propongo.
- Sé que puedo seleccionar el tipo de trabajo que se acomoda a mi gusto y a mi realización, como también el aspirar a que éste sea sano y me origine satisfacciones sanas.
- Sé que puedo disfrutar sentidamente los placeres sanos.
- Debo preocuparme por diferenciar: el placer sano del placer no sano.
- Debo convertir lo monótono de mis responsabilidades rutinarias básicas, en alegría cotidiana, pues

ellas hacen parte de mi realización y además porque ennoblecen mi existencia.
- Debo aceptar que la no solución a mis necesidades básicas, puede afectar negativamente a mi Proceso Personal de Humanización.
- Debo exigirme en ser auténtico, pues con ello favorezco mí personalidad.
- Debo exigirme en ser autónomo en mis decisiones.
- Acepto que los Valores que practico deben ser coherentes, en consecuencia, estos deben estar supeditados a los Principios de la filosofía de vida sana que profeso.
- Las creencias equivocadas de mi mente, afectan negativamente al manejo responsable de mi conciencia.
- Las creencias equivocadas de mi mente, pueden propiciar el que yo mismo me engañe.
- Una gran equivocación humana consiste en pensar, en que si se permite la inflación del Ego, la personalidad se favorece; lo cual es todo lo contrario, pues con esa actitud ésta se desfavorece.
- Al comprender que mi Ego se puede desviar con respecto a la realidad inherente de mi Yo, me es posible evitar esta alteración, con el mero hecho de proponerme en definir mis creencias equivocadas que causan su desvío. Esta actitud me es apropiada también, para que sea Yo quien maneje mi Ego y no lo contrario. Entendido lo anterior, quedo en condiciones para no considerar siempre al Ego, como una "energía negativa inmanejable" que acompaña a los seres humanos.
- El aceptar que somos débiles, es decisión de valientes.

En relación con el reconocimiento de las verdades de mi entorno, pues:

- Debo respetar la realidad de la Naturaleza y realizar lo que esté a mi alcance para evitar que acciones equivocadas humanas la intervengan impropiamente.
- Nuestro entorno tiene y tendrá siempre manifestaciones ambientales aleatorias, para las cuales tenemos que prepararnos y con las cuales tenemos que convivir.
- Nuestro entorno tiene y tendrá siempre situaciones de imperfección, las cuales debemos aceptar o corregir si está a nuestro alcance.
- Nuestro entorno me presentará siempre dificultades y con algunas de ellas tendré que convivir, cuando al enfrentarlas me sea imposible eliminarlas.
- Los humanos somos todos diferentes, pero unos con otros nos complementamos.
- Debo preocuparme por *reconocer* las características positivas de los demás.
- Debo preocuparme por *aceptar* las características negativas de los demás, sin dejarme afectar por ellas.
- Debo aceptar a los demás tal como son.
- Al no cumplirse mis deseos, acepto que el causante soy yo y por lo tanto no debo atribuirle la culpa a los demás.
- El saber trabajar en equipo es favorable para todos sus integrantes.
- Debo preocuparme por agradecer los detalles positivos de los demás para conmigo.
- Debo considerar los puntos de vista diferentes a los míos, cuando reconozco aquellos que pueden favorecer mi grado de humanización.

- Debo respetar los puntos de vista diferentes a los míos.
- Debo evitar el cargarme con preocupaciones de los demás.
- Aunque la verdad es única, esta puede tener diferentes presentaciones.
- Debo evitar el ser manipulado o engañado por otros.
- No hay que desconocer que otros buscan lucrarse, aprovechándose de nuestras debilidades.

En relación con el cultivo de la Felicidad, pues:

- La felicidad la cultiva uno mismo, con la forma sana y responsable de uno pensar y actuar, es decir, de uno SER.
- Quienes cultivan su felicidad generan: tanto "paz interna" como "paz común". En consecuencia, la paz tampoco se logra, sino que también se cultiva.
- No tiene sentido pensar, el que mi felicidad depende de los demás.
- El cultivo de mi felicidad se favorece, mediante el desarrollo de mi propio Proceso Personal de Humanización.
- Me debo preocupar por diferenciar la felicidad, del placer.
- La felicidad es un estado de *satisfacción personal permanente,* originado por el manejo y el disfrute sano de la vida. En cambio el placer es un *gozo momentáneo*.
- La felicidad proviene de nuestro interior, el placer proviene de lo externo.
- La felicidad se cultiva, el placer se logra.

- El placer se alcanza, al satisfacerse necesidades humanas propias de nuestra sensualidad y de nuestros deseos.
- El placer obtenido mediante actitudes y acciones sanas y responsables genera felicidad.
- El placer obtenido mediante actitudes y acciones no sanas ni responsables genera infelicidad.
- Una gran equivocación humana es la de creer que el "Poseer" (dinero, propiedades, poder, fama, imagen, habilidades, conocimientos, sabiduría); por sí solo es semilla para cultivar la felicidad. Lo que tiene sentido pensar es: que el "Poseer" supeditándolo al SER, sí es semilla para cultivar la felicidad. Bajo esta condición, lo que se "posee" debe ser obtenido de manera sana, administrado en forma sana y su destino debe ser el de utilizarlo responsablemente para fines sanos.

En relación con la atención responsable que exigen los siguientes requerimientos humanos:
- *La Subsistencia*, pues:
    - ✓ Para subsistir, el ser humano requiere satisfacer, necesidades vitales tales como: Respirar, beber, comer, dormir, descansar, protegerse, mantenerse física, mental y espiritualmente saludable.
    - ✓ Estas necesidades son manejables por la persona, pero dependiendo de su forma de atención, la misma persona puede resultar favorecida o desfavorecida.
    - ✓ Entre los aspectos importantes a considerar para lograr una atención eficaz a las necesidades vitales, se citan los siguientes: la preocupación por su calidad, la actitud de moderación en

cuanto a su disfrute y el rechazar modalidades de acción que personalmente causen perjuicio.
✓ Como consecuencia de satisfacer en forma sana y responsable las necesidades de subsistencia, el ser humano se favorece por sentirse renovado, útil, saludable, entusiasta, agradecido y comprometido con Dios.

- *El Desarrollo Personal,* pues:
  ✓ El ser humano para su propio desarrollo, necesita recurrir a las siguientes necesidades de su intelecto: observar, aprender, practicar, trabajar, mejorar métodos de acción, optimizar el aprovechamiento de recursos.
  ✓ Potenciadores favorables al aprovechamiento de estas necesidades son: el interés, la dedicación, el entusiasmo, la constancia, la curiosidad, la investigación, el trabajo en equipo.
  ✓ Los logros sanos y responsables en cuanto a desarrollo personal, le permiten al ser humano sentirse: en plan de maduración, realizado, útil, entusiasta, agradecido y comprometido con Dios.

- *La Convivencia,* pues:
  ✓ Para convivir, el ser humano necesita satisfacer las siguientes necesidades sociales: Interactuar, intercomunicarse, servir, respetar, compartir, comprender, reconocer, aceptar, perdonar.
  ✓ Actitudes favorables a la puesta en práctica de estas acciones son: la humildad, la sencillez, la responsabilidad, el altruismo, la indiscriminación, la sinceridad, la sensatez, la coherencia y el compromiso.

- ✓ Como estrategias que favorecen a la práctica sana y responsable de la convivencia se citan las siguientes: el trabajo en equipo, el civismo, la empatía, la asertividad.
- ✓ Los logros sanos y responsables en cuanto a convivencia, le permiten al ser humano sentirse: en plan de maduración, realizado, útil, entusiasta, agradecido y comprometido con Dios.

- *El Disfrute de la Existencia,* pues:
  - ✓ Para regocijar su espíritu, el ser humano se satisface de los siguientes ofrecimientos que le depara el mundo en que vive:
    - ◊ La naturaleza con todo su esplendor.
    - ◊ La labor humana artística en todas sus manifestaciones.
    - ◊ Los espectáculos y las recreaciones fruto del talento humano.
    - ◊ Las situaciones que originan placer sano.
  - ✓ Entre los aspectos importantes para lograr el manejo eficaz de las posibilidades que satlisfacen el disfrute de la existencia, se citan los siguientes: la preocupación por su calidad, la actitud de moderación en cuanto a su disfrute y el rechazar modalidades de acción que personalmente causen perjuicio.
  - ✓ Como consecuencia de satisfacer en forma sana y responsable las necesidades de disfrute de la existencia, el ser humano se favorece por sentirse renovado, útil, saludable, entusiasta, agradecido y comprometido con Dios.

- *La Procreación,* pues;

- ✓ Mediante esta necesidad básica, participamos en la extensión de la vida humana.
- ✓ Considerando la trascendencia y las múltiples consecuencias que genera la procreación, es necesario que cada pareja maximice su responsabilidad conjunta, con el fin de engendrar y criar hijos que le sirvan útilmente a la sociedad, velando adecuadamente por su formación, su subsistencia y su desarrollo personal hasta que alcancen su adultez.
- ✓ Toda pareja debe ser ejemplo para sus hijos, en cuanto a calidad de convivencia, disfrute sano de placeres, manejo de responsabilidades, respeto recíproco, ayuda mutua, compartir desinteresado, reconocimiento mutuo de fortalezas, comprensión mutua, aceptación de las formas de ser de cada uno y el saberse perdonar entre sí cuando se presenten fallas y equivocaciones.
- ✓ Los integrante de una pareja que se preocupen por cumplir con los compromisos indicados en el punto anterior, están cimentando las bases para disfrutar sus vidas con base en el Amor integral. En cambio, cuando los integrantes de una pareja únicamente se interesan por disfrutar del placer que engendra la sexualidad, su limitación les impide el poder disfrutar del verdadero Amor.
- ✓ El apetito sexual es una fuerza poderosa tanto mental como física y por lo mismo debe ser manejado de manera especial en cuanto a definición de responsabilidades. En consecuencia, es muy importante asesorar a los jóvenes para que ellos conozcan temprana, suficientemen-

te y sin misterios: las manifestaciones de esta realidad, los diferentes medios que existen para evitar embarazos no deseados y las obligaciones con las que hay que responder cuando estos se desean. Esta adecuada y clara asesoría debe conducir a que ellos se cuestionen y se apersonen con su compromiso para afrontar las correspondientes decisiones de manera sana y sensata.

Con este resumen de ideas y con base en el criterio personal, conviene que uno se pregunte:

¿Qué tan despierto y abierto me encuentro para entender y atender el manejo responsable de mi CONCIENCIA?

b) Imaginación

Definición de *IMAGINACIÓN:*
- **Facultad de reproducir en la mente rastros de impresiones sensoriales, en ausencia de sus objetos.**
- **Capacidad para inventar o crear.**

"Nuestra imaginación nos agranda tanto el tiempo presente, que hace de la eternidad una nada y de la nada una eternidad"

(Blaise Pascal 1623-1662)

❏ *Imaginar es sinónimo de:*
*Soñar, ilusionar, sospechar, pensar, creer, representar en la mente, inventar, crear, idear, forjar, c*oncebir, desear, fantasear, tener ficciones, tener alucinaciones, tener visión, suponer, intuir.

❏ La Facultad humana de la imaginación actúa tanto en el campo de lo real, como en el campo de lo ficticio, ya sea en cuanto a fundamentos, ya sea en cuanto a propósitos. Por lo tanto hay que saber reconocer estos dos frentes, para atenderlos adecuadamente y para actuar de manera apropiada. Por ejemplo, cuando en ocasiones utilizo mi imaginación aceptando como real, una situación que carece de fundamentos para que lo sea, con ello no solo me engaño, sino también engaño a los demás.

❏ El poder de la imaginación es tan vasto y tan fuerte, que lo que el hombre ha logrado durante su existencia (positiva y negativamente) ha sido originado en gran parte por el manejo que el mismo le ha dado a esta facultad humana. El alcance de sus consecuencias es de tal magnitud, que se le puede comparar con un rio caudaloso,

Imaginación

el cual requiere adecuarle su encauce, para lograr beneficios y no destrucción.

❏ El principal compromiso respecto al manejo de mi imaginación implica, el que la misma no me origine perjuicio, ni tampoco le origine perjuicio a los demás, lo cual se logra al encauzarla, para que ésta siempre sea sana, consecuente y responsable.

❏ Otro compromiso importante respecto al manejo de mi imaginación implica, el que debo controlarla, para que ella respete a todo momento: lo sano, la verdad, la realidad y lo trascendente.

❏ Un campo de acción de la imaginación que merece especial reconocimiento, es el de la creatividad, pues con ella se logran convertir sueños y deseos que nos llaman la atención, en realidades útiles y manejables.

❏ La magnificencia de la imaginación es tal, que gracias a ella el ser humano con su creatividad, ha logrado alcanzar niveles sorprendentes de progreso, como es el caso de:

- ✓ Invenciones.
- ✓ Descubrimientos.
- ✓ Desarrollo.
- ✓ Preservación de condiciones de vida.
- ✓ Alcance de metas.
- ✓ Mejoras de procedimientos.
- ✓ Realce en labores artísticas.
- ✓ Enriquecimiento del talento humano.
- ✓ Distracción.

❑ La facultad de la imaginación va muy de la mano con la facultad de la libertad, con la facultad de la inteligencia y con la facultad de la acción, pues estas facultades se potencializan entre sí.

❑ Considerando el hecho que la imaginación enfocada hacia el pasado o hacia el futuro, está expuesta a ser aplicada impropiamente, algunos recomiendan el utilizarla con preferencia en el ahora. Esta limitación resulta innecesaria, cuando la imaginación se maneja para el ayer, el hoy, o el mañana, de manera responsable, sensata y sana.

❑ El Yo es la identificación correspondiente al ser "quien realmente soy". Su naturaleza "no" está afectada por mi imaginación. El Ego es la identificación correspondiente al ser "quien creo que soy", por lo mismo, su naturaleza "si" puede estar afectada por mi imaginación.

❑ Para evitar que mi Ego por causa de mi imaginación se desvíe de la realidad inherente de mi Yo, exige de mi parte estar al tanto para no depender de "creencias sin fundamento real", lo cual implica también el no aceptar las mismas como pautas de acción. Ejemplo de una creencia sin fundamento real es el siguiente: "Creer que la vida nos puede satisfacer todo lo que deseamos y como lo deseamos".

❑ Si mi Ego presenta enmascaramientos o afectaciones de autoengaño originadas por mi imaginación, estas situaciones me causan problemas. Esto sucede por ejemplo, cuando mi apariencia se manifiesta como la de un arrogante, como la de un apocado o como la de alguien diferente a quien verdaderamente soy.

❏ Entre menos confianza tengamos de nuestras fortalezas y de lo valioso de nuestro ser, entre más dependencia tengamos de nuestras debilidades y apegos, como también entre menos sepamos manejar con realismo y sensatez nuestras ambiciones para lograr la solución a nuestros deseos, más expuestos y más vulnerables quedaremos para ilusionarnos o engañarnos con **imaginación ansiosa sin fundamento real.** Ejemplos donde se aplica este tipo de imaginación son los siguientes: *"buscar la suerte, depender de agüeros, interpretar sueños, acudir a hechiceros, autosugestionarnos para que las cosas resulten como uno desea, esperar que fuerzas sobrenaturales se encarguen de ayudarnos.*

❏ Para que mi imaginación favorezca con altas posibilidades de éxito el manejo de mi *optimismo*, es deber mío analizar previamente con suficiencia y sensatez, la necesidad de lo que deseo, la viabilidad de lo que me propongo, la visualización de alternativas para alcanzar el logro y el planteamiento que maneje para conseguirlo.

❏ Entre menos confianza tengamos de nuestras fortalezas y de lo valioso de nuestro ser, entre más dependencia tengamos de nuestras debilidades y apegos, y entre menos sepamos manejar con realismo y sensatez nuestras acciones, más expuestos y más vulnerables quedaremos para permitir que **imaginación misteriosa sin fundamento real**, origine en nosotros situaciones de engaño, de miedo o de terror, lo cual afecta tanto nuestra tranquilidad, como también nuestra realización.

Mi imaginación está manejada responsablemente.
Cuando la utilizo para:
- Proporcionarle disfrute sano a los demás.
- Saber tener visión acertada de lo que puede acontecer.
- Saber tener olfato en cuanto a la posibilidad de alcanzar logros.
- Crear oportunidades de acción sana.
- Buscar oportunidades que me sean desconocidas, para aprovecharlas sanamente
- Visualizar viabilidad de los proyectos que emprenda.
- Perseverar en lo realizable difícil, pero benéfico.
- Perseverar en mi realización, es decir, en hacer realidad mis aspiraciones.
- Saber confrontar cuando hay duda.
- Respaldar la verdad.
- Respaldar la realidad
- Darle rienda suelta a mi creatividad en forma sana y responsable.

Cuando evito utilizarla para:
- Acomodar certeza a algo que no es suficientemente cierto.
- Acomodar justificación a algo que no tiene suficientes fundamentos.
- Ilusionarme sin aterrizar.
- Aceptar como real lo ficticio.
- Aseverar existiendo incertidumbre.
- Dar por cierto lo que no es suficientemente convincente.
- Acometer lo que no es necesario.
- Acometer lo que no es funcional.
- Comulgar con el placer no sano.

- Suponer comportamientos y actitudes de otras personas y darlas por ciertas.
- Apoyar ambiciones no sanas.
- Suponer realidades y darlas por ciertas.
- Crear fantasías que puedan causar perjuicio.
- Desear lo que puede causar perjuicio, tanto a mi ser como a mi prójimo.
- Propiciar el cumplimiento de deseos insensatos.
- Propiciar que mi imaginación desvíe a mi Ego de la realidad inherente de mi Yo
- Permitir que mi imaginación me maneje a su antojo.
- Permitir el uso sin control de mi imaginación, en banalidades.

Con este orden de ideas y teniendo en cuenta el criterio personal, puede uno preguntarse:

¿Qué tan responsable y sanamente manejo mi IMAGINACIÓN?
¿La aprovecho para el bien mío y para bien de los demás?

c) Libertad

Definición de *LIBERTAD:*

- **Capacidad o facultad de una persona para decidir acciones, manifestar opiniones.**
- **Situación de una persona, que implica no estar presa, ni impedida por sí misma o por voluntad de otra para realizarse.**

"No busquen solemnes definiciones de la Libertad. Ella es sólo esto: Responsabilidad"

(George Bernard Shaw 1856-1950)

❏ La libertad no es absoluta, pues para enaltecerla y disfrutarla, debemos ejercerla con responsabilidad.

❏ La libertad responsable implica el que ésta se maneje sanamente.

❏ Aunque los seres humanos nacemos libres, somos nosotros mismos quienes por falta de manejo adecuado nos encargamos de limitar nuestra libertad interna.

❏ Nuestra libertad externa puede resultar limitada como consecuencia de acciones impropias personales, como también por voluntad de otros.

❏ Mi libertad interna es la fuente de mi libertad externa.

❏ Mi libertad termina donde comienza la libertad de otros.

❏ Potenciadores de mi libertad interna son: *mis principios de vida sana, el manejo responsable de mis Facultades humanas, el Autoconocimiento.*

❏ Limitadores de mi libertad interna son: *mis debilidades, mis dependencias, las alteraciones equivocadas de mi Ego.*

❏ Mi libertad no tiene razón de ser, cuando la utilizo para excusar o incentivar mis debilidades y mis dependencias.

❏ El hombre puede ser esclavo, sin estar encadenado.

Los siguientes son algunos ejemplos que denotan responsabilidad en el uso de la libertad:

- Entre más me conozco, más me libero internamente.
- Entre menos deje desviar mi Ego de la realidad inherente de mi Yo, más me libero.
- Entre más despierto y abierto esté para entender y atender mi conciencia, más me libero.
- Entre más sana sea mi imaginación, más me libero.
- Soy libre si no me permito aplicar impropiamente mi libertad.
- Entre más sanamente aplique mi inteligencia, más me libero.
- Entre más sanamente maneje mis acciones, más me libero.
- Entre más comprenda el origen de mis emociones y sentimientos, más me libero.
- Ser uno mismo, es manifestación de libertad interna.
- La discreción, la sensatez, la prudencia y el tacto, priman sobre la libertad, sin menguarla.

- Mi libertad debe respetar lo confidencial sano de mis semejantes.
- Mi libertad debe evitar el escándalo, el chisme, el atropello a las personas.
- El uso de la libertad responsable no es compatible para obtener de manera no sana: dinero, poder, fama, imagen. beneficios personales.
- Cuando no me engaño, ni engaño, ni me dejo engañar, yo me libero.
- Cundo soy dependiente de algo o de alguien, soy esclavo.
- No me debo dejar manejar por ansias de libertad no responsable.
- Cuando hay oportunidades de trabajo sano y se aprovechan, hay posibilidades de realización sana. Cuando hay realización sana, hay libertad interna.

Con este resumen de ideas y considerando mi criterio, puedo preguntarme:

¿Manejo responsable y sanamente mi LIBERTAD?
¿La disfruto?

d) Inteligencia

Definición de *INTELIGENCIA:*

Capacidad de aprender, entender, razonar, elaborar información y emplearla para resolver dudas y solucionar problemas.

"La inteligencia consiste no sólo en el conocimiento, sino también en la destreza de aplicar los conocimientos en la práctica."

(Aristóteles 384ac-322ac)

❏ Todos los humanos sanos mentalmente poseemos inteligencia, pero no siempre la exigimos y la aplicamos en forma adecuada.

❏ Al no exigirse ni aplicarse bien la inteligencia, esta se puede menguar.

❏ Ser inteligente no es saber de todo, ni dar razón de todo.

❏ El actuar con inteligencia permite lograr soluciones efectivas, prácticas, útiles y satisfactorias.

❏ Entre más se exija y se aplique la inteligencia, más la agudizamos y por consiguiente:

- Más aumentamos la confianza en sí mismos.
- Dependemos menos de los demás para tomar decisiones o para actuar.
- Permitimos menos de ser manejados por el Ego o por actuaciones impulsivas.
- Más favorecemos el alcance de logros

❑ El poder de mi inteligencia y la forma como la aprovecho para lograr resultados favorables, además de beneficiarme, favorece también, a las personas de mi entorno, a mis compromisos de trabajo y a mi medio ambiente.

❑ A la inteligencia aplicada de manera sensata, práctica y consecuente, en lo cotidiano de nuestro campo de acción, se le llama "sentido común".

❑ El sentido común es la capacidad natural de la inteligencia, para ver las cosas como son y para hacerlas como deben ser hechas; es además la manera de enfrentar y resolver con sencillez los problemas que emergen cotidianamente.

❑ La aplicación del sentido común no exige que la persona sea erudita, pues este se aprende en el día a día de la vida y en el permanente contacto con los problemas personales.

❑ La facultad de la inteligencia va muy de la mano con la facultad de la imaginación, con la facultad de la libertad y con la facultad de la acción, pues estas facultades se potencializan entre sí.

❑ La facultad de la inteligencia favorece el manejo de la facultad de la emotividad, con su especialidad: *la inteligencia emocional.*

❑ Actitudes favorables a la inteligencia son: *la curiosidad, la observación, el análisis, la creatividad, el aprovechar la experiencia, el razonar con sentido común, el ser sensato y consecuente, el tener visión en cuanto a posibilidad de lo-*

gros, el racionalizar las ambiciones, el afrontar las dificultades y las adversidades, el buscar sencillez en el desarrollo de las acciones, el actuar con sentido práctico, el actuar con sentido estratégico.

❏ Actitudes desfavorables a la inteligencia son: *la pereza, la ingenuidad, el conformismo, la indiferencia, el temor, el actuar impulsivamente.*

❏ Para ser exitosos en la realización de proyectos, es necesario aplicar nuestra inteligencia, considerando: la selección, la viabilidad, la preparación y la efectiva terminación de los mismos.

❏ En las intercomunicaciones personales, una estrategia favorable a la convivencia, es el actuar con: *empatía y asertividad,* lo cual implica buen manejo de la *inteligencia emocional.*

Mi inteligencia está encauzada responsablemente.
Cuando la utilizo para:
- Actuar en armonía con lo creado por Dios.
- Tener como pauta para la Vida, los Principios del Amor Cristiano.
- Saber distinguir lo trascendental para mi ser.
- Saber corresponder en forma acertada y suficiente ante las demandas de ayuda de los demás.
- Preocuparme prioritariamente por SER y no por Poseer.
- Supeditar los Valores que manejo a los Principios que profeso.
- Saber reconocer: la verdad, lo real, lo trascendental.
- Simplificar mi vida.

- Buscar la perfección, sin ser perfeccionista.
- Actuar sin prejuicios.
- Alimentar mi autoestima.
- Vivir en función de una misión sana, digna y útil.
- Darle rienda suelta a mi imaginación sana.
- Explotar mis fortalezas pero sin caer en el error de entrar en el campo de lo no sano.
- Actuar con sentido práctico.
- Mantener mi mente abierta.
- Vivir en función del Yo y su Entorno, no sólo del Yo.
- Corregir mi Ego, cuando éste se desvía de la realidad inherente de mi Yo
- No olvidar que todos somos uno.
- Comprender que somos seres especiales, pero diferentes entre sí.
- Tener voluntad y habilidad para trabajar en equipo.
- Saber aprender de todos, pues todos poseemos valores particulares.
- Establecer prioridades de acción y actuar de acuerdo a las mismas.
- Evitar ser ingenuo, manipulado o engañado por otros o por uno mismo.
- Evitar actuar sin conciencia o atenido a paradigmas obsoletos.
- Evitar el desperdicio de recursos.
- Mantener espíritu de pobre.
- Buscar efectividad en las acciones que acometa.
- Buscar sencillez en el desarrollo de mis acciones.
- Buscar realización en lo que me comprometa.
- Ser sano y sensato en cuanto a ambiciones.
- Saber distinguir entre lo que necesito y lo que deseo.

- Saber prepararme para el buen manejo de mis labores y de mis responsabilidades.
- Buscar y aprovechar oportunidades.
- Tener bien claro los objetivos y los pasos a dar, al realizar proyectos.
- Saber reconocer las diferentes posibilidades de acción para llegar a un objetivo.
- Saber escoger la posibilidad de acción que más conviene para el logro de un objetivo.
- Solucionar problemas considerando sus causas raíces.
- Conciliar acuerdos buscando el resultado: "yo gano, tu ganas y que la naturaleza no pierda".
- Prever funcionalidad de las empresas que concibamos.
- Prever durabilidad de las empresas que acometamos.
- Permitir evolución y adaptación en lo que emprendamos.
- No buscar aprobación de los demás, ni molestarnos con la desaprobación de los demás.
- No compararme con otros, ni comparar a los demás.
- No pretender cambiar a los demás.
- Reconocerle el comportamiento sano y digno a los demás.
- No estar al tanto de los defectos de los demás.
- Saber manejar mis limitaciones.
- Ser más que las cosas que me preocupan.
- Considerar el éxito como el lograr SER. Al respecto es conveniente aclarar que este propósito no implica el que lo reconozcan los demás.
- Tener bien claro que el lograr SER, no es el lograr "Poseer": (dinero, propiedades, poder, fama, imagen, habilidades, conocimientos, sabiduría.)

- Definir conclusiones constructivas de lo positivo y negativo que me suceda.
- Saber manejar y aprovechar los momentos de descanso y de recreación.
- Saber disfrutar sanamente lo que me gusta.
- Favorecer la realización y la autoestima de los demás.
- Propiciar la reflexión en lugar de aconsejar.
- Vivir el presente, aprovechando positivamente la experiencia del pasado y enfocándolo hacia un futuro deseado viable y sano.
- Acompañar mis planes, mis deseos, mis ambiciones, con metas sanas y con el respaldo del esfuerzo que exigen su realización y su pleno desarrollo.
- Evitar usar ingenuamente mi inteligencia en asuntos triviales o que me originen dependencia.
- Aplicar lo que se aprende, en la solución de problemas específicos.
- No me debo dejar manejar por caprichos de mi inteligencia.
- Tener bien claro que en lugar de actuar impulsivamente, debo actuar inteligentemente.

Considerando este conjunto de ideas, y las propias mías, puedo preguntarme:

¿Qué tan responsable y sanamente manejo mi INTELIGENCIA?
¿La aprovecho para bien mío y para el bien de los demás?

e) Acción

Definición de *ACCIÓN:*

Facultad de un ser para reconocer, conseguir, hacer o realizar algo.

"El hombre sólo se conoce así mismo a través de la acción"
(Johann Wolfgang von Goethe 1739-1832)

❏ Todos los humanos practicamos la acción, pero no siempre tenemos el cuidado de aplicarla sanamente con suficiencia, inteligencia y responsabilidad.

❏ No olvidemos que pensar y actuar responsablemente y de manera coherente con los principios de una vida sana, nos permite SER.

❏ Nuestra imagen de honestidad, integridad y transparencia debe corresponder, a nuestra forma sana y responsable de actuar.

❏ La facultad de la acción va muy de la mano, con la facultad de la imaginación, con la facultad de la libertad, con la facultad de la inteligencia, pues estas se potencializan entre sí.

❏ Actitudes básicas potenciadoras de la acción sana son: *el ánimo, la voluntad, la planeación, la disciplina, el esfuerzo, el sacrificio, la valentía, la realización, el manejo estratégico, la efectividad del logro, el descanso, la recreación.*

❏ Actitudes básicas para regular favorablemente la acción sana son: *la prudencia, la sensatez, la moderación.*

❏ Actitudes desfavorables a la acción sana son: *la pereza, la ingenuidad, el conformismo, la indiferencia, el temor, el ser impulsivo, los excesos.*

❏ Entre los compromisos de acción que permiten f*ortalecer las condiciones de vida de las personas, v*ale la pena resaltar los siguientes: el ejercicio físico, mental y espiritual cotidiano, las actividades de desarrollo personal, las actividades laborales, el manejo dado al disfrute de su existencia.

❏ Un compromiso importante de acción que favorece a la "realización del ser humano", es el *vínculo con el trabajo.* En consecuencia, con la actitud de fomentar e incentivar la creación de fuentes de trabajo, tanto a nivel estatal, como a nivel particular, no sólo se logra humanizar el ambiente de los llamados a laborar, sino que también permite favorecer la productividad de un país.

Mi acción está encauzada responsablemente.
Cuando la utilizo para:
- Actuar en armonía con lo creado por Dios.
- Tener como orientación para las exigencias de acción en la vida, el cumplimiento de los Principios del Amor Cristiano.
- Proporcionarme ánimo y fuerza de voluntad para atender en forma mis compromisos.
- Esforzarme por salir adelante, cuando las situaciones presentan dificultades.
- Aceptar las dificultades y las adversidades como algo normal y cotidiano de la vida.
- Saber manejar las situaciones de adversidad para que no se me conviertan en tragedia.

Acción

- Comprometerme integralmente con mi trabajo.
- Reconocer y aprovechar mis fortalezas en favor de mí acción.
- Reconocer y desarrollar mis aptitudes en favor de mí acción.
- Reconocer mis lados flacos (debilidades, dependencias, caprichos, apariencias) con el fin de atenuarlos.
- Actuar con moderación y evitar los excesos.
- Establecer prioridades de acción y actuar de acuerdo a las mismas.
- Encontrar y neutralizar los aspectos que me impiden atender y entender mi conciencia.
- Encontrar y neutralizar los motivos que me inducen a dejar sin control mi imaginación no sana.
- Saber manejar sanamente mi imaginación.
- Saber manejar mi libertad responsable.
- Actuar con ánimo inteligente.
- Propiciarme el tiempo prudente de descanso, el tiempo prudente de trabajo, el tiempo prudente de distracción.
- Actuar con entusiasmo.
- Actuar por la satisfacción de amar incondicionalmente.
- Actuar con responsabilidad.
- Actuar con disciplina y constancia.
- Actuar con valentía.
- Mantenerme con sentido de superación.
- Mantener actitud de compromiso.
- Propiciar mi buena salud (física, mental y espiritual).
- Evitar actuar de manera no inteligente.
- Evitar usar mi esfuerzo en asuntos que no lo requieren.

- No me debo dejar manejar por obsesiones de mi acción.
- Lo que se necesita y obtiene actuando con esfuerzo, implica realización y por consiguiente origina satisfacciones.

Cuestionándome lo anterior y atendiendo mi criterio, puedo preguntarme:

¿Manejo responsable y sanamente mi facultad de ACCION?
¿La aprovecho para el bien mío y para el bien de los demás?

f) Emotividad

Definición de *EMOTIVIDAD:*
Capacidad de experimentar y causar emociones y sentimientos.

Definición de *Emoción:*
Estado afectivo intenso que emerge momentáneamente, acompañado de cambios conductuales, fisiológicos y hormonales.

Definición de *Sentimiento:*
Estado de ánimo consecuente de la acción y el efecto de sentir emociones.

"Puedo controlar mis pasiones y mis emociones, si puedo entender su naturaleza"

(Baruch Spinoza 1632 – 1677)

❑ El manejo sano y responsable de mi emotividad favorece a mi humanización.

❑ El ser humano manifiesta *emociones positivas y sentimientos positivos* tales como:
Satisfacción, alegría, cariño, empatía, admiración, complacencia, sublimación, buen humor, tranquilidad, motivación.

Estas manifestaciones de emotividad positiva permiten mostrar y compartir nuestros estados afectivos y nuestros estados de ánimo que emergen como consecuencia de lograr propósitos, obtener realizaciones, merecer reconocimientos, disfrutar placeres, permitir divertirnos.

Si las manifestaciones de emotividad positiva son consecuencia de actuaciones sanas y responsables, conviene entenderlas como brotes de semillas favorables al cultivo de la felicidad.

Estas manifestaciones tienen que ser sentidas, pues si son simuladas por obedecer a necesidades de autoengaño o de querer engañar, pierden su valor de positivas.

❏ El ser humano manifiesta *emociones negativas y sentimientos negativos* tales como:
ira, envidia, ansiedad, llanto, tristeza, celos, mentira, injuria, chisme, escándalo, arrogancia, aversión, reproche, vergüenza, culpabilidad, frustración, orgullo, codicia, egoísmo, fanatismo, pereza, ingenuidad, indiferencia, odio.

Las manifestaciones de *emotividad negativa,* permiten mostrar y transmitir estados afectivos y estados de ánimo que emergen por insatisfacciones presentadas, ambiciones no logradas, situaciones mal manejadas. Además estas manifestaciones son el resultado de no considerar en nuestra maduración, tanto principios favorables a la humanización, como también realidades de la vida.

Mis emociones negativas y mis sentimientos negativos no son sólo manifestaciones que desfavorecen a mi responsabilidad de SER, sino también son motivos para perjudicar mi salud tanto física como mental.

Sin embargo, mis *manifestaciones de emotividad negativa* me pueden resultar favorables, si las acepto como "señales" que me trasmite mi mente para darme a entender que de mi parte hay necesidad de intervención en cuanto a *"efectuar correcciones en mi forma de pensar y actuar".*

"Para convertir una manifestación de emotividad negativa en una oportunidad correctora de mi emotividad", es necesario definir de mi parte, la(s) causa(s) que me propiciaron la emotividad negativa, que bien puede(n) ser: *insatisfacciones presentadas, ambiciones no logradas, situaciones mal manejadas, obedecimiento a creencias sin fundamento real, el desconocer o ser indiferente con respecto a principios favorables a mi humanización, el desconocer o ser indiferente con respecto a mi responsabilidad en el manejo de mis facultades humanas, el desconocer o ser indiferente con respecto a realidades de la vida y de mi ser.*

Al utilizar esta estrategia, quedo en condiciones para poder determinar mis apreciaciones erradas a corregir y en consecuencia el poder evitarme la repetición de problemas con sus correspondientes emotividades negativas.

Resumiendo, la *conversión de mis emotividades negativas en oportunidades correctoras de la emotividad,* me permite deducir que tanto mis emociones como mis sentimientos negativos son "señales" de mi mente y de mi cuerpo, para convidarme a realizar análisis y correctivos en cuanto a la forma de entender y atender mi conciencia. En esta práctica de conversión, con la cual logro menguar los efectos indeseables que originan las emotividades negativas, juega papel importante la ***inteligencia emocional.***

Cuando no aplico mi inteligencia emocional para convertir mis emociones y sentimientos negativos en oportunidades correctoras de mi emotividad y cuando además enmascaro esta falla con actuaciones agresivas, insensatas, decisiones impulsivas, exigencias caprichosas, obsesivas y de imposición, no sólo me hago daño, sino que también le origino malestar a los demás.

Una emoción negativa que suele acompañar con mucha frecuencia a otras negativas, es la "irritabilidad". Por lo tanto conviene tenerla en cuenta como un "aviso adicional" de mi mente y de mi cuerpo, exigiéndome análisis para la definición de correctivos en favor de mi ser.

Considerando lo anterior, se podría decir que al convertir las emociones negativas y los sentimientos negativos en oportunidades correctoras de la emotividad, *se llegaría a un estado utópico en el cual no presentaríamos manifestaciones de emotividad negativa*; sin embargo, no hay que olvidar que somos seres humanos y por lo tanto, siempre estaremos acompañados en mayor o menor grado por este tipo de manifestaciones.

Por otro lado, cuando no aplico mi inteligencia emocional en mis responsabilidades, desaprovecho oportunidades para irradiarme emotividad positiva y para irradiarle emotividad positiva a las personas que me rodean.

❑ El ser humano manifiesta ***emociones y sentimientos de inseguridad*** tipo:
  Temor, miedo, terror, pánico.

Estas expresiones de ***emotividad por inseguridad*** se manifiestan, cuando se siente amenazada la integridad personal, como consecuencia del desconocimiento parcial o total de los detalles reales correspondientes a una situación con posibilidad de peligro, como también, por el desconocimiento de los detalles sensatos de una decisión a tomar para afrontar el mismo.

Para lograr manejar adecuadamente mis situaciones generadoras de emociones y sentimientos de inseguridad, puedo valerme de las siguientes actitudes:

- Proponerme el conocer al detalle *"la realidad"* de los motivos que originan mi inseguridad, pues el conocimiento suficiente de la misma, me permite manejar en mejor forma las condiciones amenazantes o de peligro.
- Adentrarme en definir *"los aspectos sin fundamento real"* de mi imaginación basada en suposiciones, pues al conocer los motivos de mi insensatez, con ello minimizo el temor, el miedo, el terror o el pánico que me puedan causar.
- Estar al tanto de las recomendaciones en cuanto a la forma como debo responder ante una situación de peligro, pues *el conocimiento en cuanto a la manera sensata de actuar en cada caso,* favorece a la reacción que debo tomar para defenderme en mejor forma.

En resumen, si nos empeñamos por conocer en detalle la realidad de los motivos generadores de emociones y sentimientos de inseguridad, como también si nos empeñamos por definir la forma de reacción apropiada para afrontarlos, con ello nos hallaremos en mejores condiciones para manejar, atenuar o evitar: los temores, el miedo, el terror y el pánico.

Las emociones y los sentimientos de inseguridad mal manejados, conducen a que la persona los pueda convertir no sólo en un freno y en un lastre para su propio desarrollo, sino también en un motivo desfavorable para su bienestar. Por ello la importancia de afrontarlos con **_realismo y sensatez._**

Entre muchos ejemplos de situaciones que nos originan miedo, se pueden citar los siguientes:

- Miedo a conocerme y a aceptarme como soy.
- Miedo a reconocer y aceptar mis debilidades, mis dependencias, mis apegos.
- Miedo a reconocer y aceptar mis ínfulas de superioridad carentes de fundamento real.
- Miedo a equivocarme al actuar.
- Miedo a hablar en público.
- Miedo a perder el empleo.
- Miedo a perder bienes.
- Miedo a perder seres queridos.
- Miedo a encontrarme en situación de peligro.
- Miedo a situaciones que atenten contra mi cuerpo, mi mente, mi espíritu, mi bienestar.
- Miedo a ingerir alimentos dañinos.
- Miedo a tomar medicamentos que originen efectos negativos secundarios.
- Miedo a accidentarme.
- Miedo a enfermarme.
- Miedo a envejecer.
- Miedo a morir.

Considerando las ideas expuestas y atendiendo el criterio personal, puede uno preguntarse:

¿Qué tan responsable y sanamente manejo mi EMOTIVIDAD?
¿Aprendo de ella?

D. AUTOEVALUACIÓN DE MIS ACCIONES PARA RETROALIMENTAR MI AUTOCONOCIMIENTO

Definición de RETROALIMENTACIÓN:
Método para mantener la acción o eficacia de un sistema, mediante la continua revisión de los elementos del proceso y sus resultados, con el fin de realizar las modificaciones correctivas necesarias.

"El arquero es un modelo para el sabio: cuando le ha fallado al blanco, busca la causa en sí mismo."
(Confucio 551-479 a.cC.)

Aspectos que debo tener en cuenta al autoevaluar mis acciones:

❏ Con la evaluación personal, logro retroalimentar mi Autoconocimiento, mi autoformación, como también el propiciar la dinámica favorable que requiere el proceso cíclico continuo en la búsqueda de mi humanización.

❏ La retroalimentación es provechosa, para el mantenimiento y el fortalecimiento de mí cuerpo, de mi mente y de mi espíritu.

- La Autoevaluación para retroalimentar mi Autoconocimiento se beneficia, al confrontar mis acciones con las pautas de los principios de una *filosofía de vida sana*, como es el caso del *Mandamiento Cristiano del Amor*.

- La Autoevaluación para retroalimentar mi Autoconocimiento se favorece también, al confrontar mis acciones con los compromisos que me exige la administración apropiada, responsable y sana de las *Facultades humanas* en mí confiadas.

- La evaluación personal me hace caer en cuenta, que al ampliar mi conocimiento respecto a mis fortalezas, mis aptitudes y mis habilidades, mayor aprovechamiento y desarrollo dispondré para mejorar las mismas.

- La evaluación personal me permite reconocer, que al aceptar mis dependencias y mis apegos, ello me estimula para evitar ser esclavo de esos comportamientos.

- La evaluación personal me permite reconocer, que al aceptar mis errores y mis equivocaciones, ello me estimula para no repetir estas faltas.

- La evaluación personal me permite reconocer, que al aceptar la no conveniencia de dejarme manejar por mis debilidades, ello me estimula para minimizarlas y atenuarlas. Al respecto hay que tener en cuenta que esta aceptación no es tan fácil, pues en algunos casos nos engañamos al considerar ciertas debilidades como "recursos para sentirnos bien". Debilidades ejemplos de lo anterior son: el alcoholismo, la drogadicción, las relaciones sexuales irresponsables, las originadas por desviaciones del Ego con respecto a la realidad inherente del Yo.

❏ En la evaluación personal no tiene sentido, el buscar en lo externo y más exactamente en otras personas, el origen de mis problemas.

❏ Para favorecer la evaluación personal de mis acciones, *debo considerar con prioridad*, el vivir para *SER*.

❏ *Avisos de alerta* que le sirven a mi Autoevaluación, son las manifestaciones tanto de mi **emotividad negativa como de mi emotividad por inseguridad**. Entre estas manifestaciones vale la pena destacar por su incidencia frecuente: *el orgullo, la pereza, los miedos.*

❏ Análisis importantes que le sirven a mi Autoevaluación, son los que se llevan a cabo para definir los motivos causantes de las desviaciones de mi Ego con respecto a la realidad inherente de mi Yo; estos motivos obedecen generalmente, al hecho de actuar aceptando **creencias sin fundamento real.**

❏ Se citan a continuación algunos ejemplos de **creencias sin fundamento real:**

Debidas al desconocimiento o a la indiferencia con respecto a principios favorables a mi humanización.
- No aceptar que por sentido humano, debo siempre convivir cumpliendo con los principios de Acción y de Actitud del mandamiento del Amor. (Al rechazar esta creencia equivocada, quedo en condiciones para no ser víctima de manifestaciones como *el*

odio, la aversión, la indiferencia, el irrespeto, la codicia, la avaricia, el egoísmo, el orgullo, la vanidad, la irresponsabilidad, pues estas desaparecen al quedar sin el soporte impropio que las respalda).
- No aceptar que al preocuparme con prioridad por SER, logro cultivar mi felicidad.
- Creer que por actuar con humildad, me desmerezco.
- Creer que no es importante para mí, el saber convivir con el prójimo.
- Creer que no necesito ayuda de los demás.
- Creer que no tengo porqué ayudar a los que lo necesitan.
- Creer que no debo compartir lo mío con los demás.
- Creer que debo esperar correspondencia de mi Amor por los demás.
- No aceptar que debo distinguir entre la acción sensata y la insensata.
- No aceptar a los demás como son.
- No aceptar que debo actuar con sensatez y con sentido común para fortalecer mi autoestima.
- No aceptar que la relación sexual de una pareja, debe basarse en la búsqueda de satisfacción sana compartida.
- No aceptar que la relación sexual de una pareja y sus consecuencias, debe supeditarse a la responsabilidad de las dos partes.

Debidas al desconocimiento o a la indiferencia con respecto a mi responsabilidad en el manejo de mis Facultades humanas.
- No aceptar que por sentido humano, debo siempre manejar de manera sana y responsable mis Facultades humanas.

- No aceptar que entre más me conozco así mismo, mejor aprovecho y manejo mis Facultades humanas.
- No aceptar que entre más me preocupe por SER, mejor entiendo y atiendo mi conciencia.
- Creer que la imaginación no necesita encauce para evitar engañarme, engañar a los demás o dejarme engañar.
- No aceptar que al actuar con libertad responsable, menos dependencias o apegos origino hacia las personas o hacia las cosas, es decir soy más autónomo.
- No aceptar que al actuar a mi manera con libertad responsable, favorece a mi forma de ser y a mi autenticidad.
- Creer que no siempre debo estar utilizando mi inteligencia.
- Creer que me es más efectivo el actuar impulsivamente.
- Creer que mi sensatez y mi sentido común no deben intervenir en las correcciones de mi comportamiento emocional.
- No aceptar que las manifestaciones de mi emotividad me pueden manejar.
- No aceptar que las manifestaciones de mi emotividad me sirven para autoevaluarme.

Debidas al desconocimiento o a la indiferencia con respecto a realidades de la vida.
- No aceptar que la vida es un camino de rosas y espinas
- No aceptar que todos somos diferentes.
- No aceptar que todos somos autónomos en nuestras decisiones.

- No aceptar que cada persona posee sus propias fortalezas, sus propias debilidades y sus propias habilidades. (Al rechazar esta creencia equivocada, quedo en condiciones para no ser víctima de la *envidia*, pues ésta desaparece al quedar sin el soporte impropio que la respalda).
- Creer que puedo cambiar a los demás, desatendiendo que cada quien cambia por decisión propia, cuando lo crea necesario.
- Creer que debo imponer a los demás mis criterios, mis puntos de vista, mis gustos, mis apreciaciones, mi forma de actuar, mi forma de pensar.
- Creer que no siempre debo respetar las ideas, los criterios y los gustos de los demás
- Considerar a una persona como terca, por el hecho de que ella respalda con firmeza una idea de la cual está bien convencida.
- Creer que debo actuar de manera agresiva, imponente, humillante, grosera, déspota, para lograr mis propósitos o para imponer mi forma de pensar.
- Creer que las actitudes y las acciones equivocadas de los demás me obligan a responder en forma impropia también.
- No aceptar que el ser humano necesita aprovechar con prioridad sus propias experiencias, para poder madurar como persona.
- No aceptar que cada persona posee su propia sensibilidad y su propia susceptibilidad.
- Creer que no es posible mejorar nuestras fortalezas y atenuar nuestras debilidades.
- No reconocer que los seres humanos nos complementamos entre sí, al interactuar con nuestras profesiones y nuestras habilidades.

- Creer que la vida nos puede satisfacer todo lo que deseamos y como lo deseamos. (Al rechazar ésta creencia equivocada, quedo en condiciones para no ser víctima de la *irritabilidad*, pues ésta desaparece al quedar sin el soporte impropio que la respalda).
- No aceptar que aunque la verdad es única, esta puede tener diferentes presentaciones.
- Creer que los problemas tienen una única solución.
- No aceptar que debemos evolucionar y adaptarnos en el trascurso de la vida.
- No aceptar que las acciones requieren de un tiempo sensato para realizarlas adecuadamente. (Al rechazar esta creencia equivocada, quedo en condiciones para no ser víctima de la *impaciencia*, pues esta desaparece al quedar sin el soporte impropio que la respalda).
- No aceptar que la realización de los quehaceres del hogar se deben aceptar con complacencia, pues se trata de una responsabilidad con la cual se agradecen los beneficios que el mismo hogar nos proporciona.
- No aceptar que los quehaceres del hogar se deben compartir entre los integrantes de una familia, de manera concertada y apoyándose con ayuda externa cuando las condiciones lo permiten o lo exigen.

Debidas al desconocimiento o a la indiferencia con respecto a realidades de mí ser.
- No reconocer que al considerar tanto mi valiosa condición humana, como mi individualidad, se propicia el aceptarme plenamente por ser como soy.
- Creer que puedo llegar a ser perfecto.
- Creer que debo ser esclavo de mis atributos físicos.

- Creer que al enmascarar mi Ego con manifestaciones de superioridad o de inferioridad, logro favorecer mi personalidad.
- No aceptar que debo ser razonable, paciente, reconsiderar conveniencias y buscar alternativas para lograr propósitos que me satisfagan.
- Creer que simplemente por ponerle fe a mi optimismo, mis deseos se cumplen. (Al rechazar esta creencia equivocada, quedo en condiciones para no ser víctima de la *ansiedad,* pues esta desaparece al quedar sin el soporte impropio que la respalda).
- No aceptar que debo actuar con sensatez, con sentido común y respetando la realidad de las situaciones, para manejar mi optimismo.
- No aceptar que debo actuar con sensatez, con sentido común y respetando la realidad de las situaciones, para manejar mi pesimismo, mis temores y mis miedos.
- Creer que por respetar la realidad de las situaciones, estoy actuando con sentido pesimista.
- No aceptar que debo actuar con sensatez y con sentido común para evitarme sufrimientos innecesarios.
- Creer que al pensar y actuar en función y a gusto de los demás, favorece a mi ser.
- Creerme más que los demás. (Al rechazar esta creencia equivocada, quedo en condiciones para no ser víctima del *orgullo*, pues este desaparece al quedar sin el soporte impropio que lo respalda).
- Creerme menos que los demás. (Al rechazar esta creencia equivocada, quedo en condiciones para no ser víctima de la *frustración o la sumisión,* pues estas desaparecen al quedar sin el soporte impropio que las respalda).

- Creerme víctima de los demás.
- Creerme victimario de los demás
- Creerme dueño de la verdad.
- Creerme dueño de otros. (Al rechazar esta creencia equivocada, quedo en condiciones para no ser víctima de los *celos*, pues estos desaparecen al quedar sin el soporte impropio que los respalda).
- Creerme el llamado para estar guiando a los demás.
- Creerme el llamado para redimir o salvar a los demás.
- Creerme el autorizado para culpar o juzgar a los demás.
- Creerme el llamado para mantenerme dirigiendo y corrigiendo a los demás.
- Creer que soy el centro de los que me rodean.
- Creer que el propósito fundamental de mi vida es el de "Poseer" y no el de SER. (Al rechazar esta creencia equivocada, quedo en condiciones para no ser víctima de la *codicia*, pues esta desaparece al quedar sin el soporte impropio que la respalda).
- No aceptar que puedo endiosar lo que poseo (dinero, propiedades, poder, fama, imagen, habilidades, conocimientos, sabiduría).
- No aceptar que debo distinguir entre lo que necesito y lo que deseo.
- Creer que los demás me ofenden, en lugar de aceptar que soy yo el que me ofendo.
- Creer que mi forma de hacer las cosas es la única válida.
- Creer que cuando compito, siempre debo ganar, como también, que cuando el equipo de mi predilección compita, siempre deba ganar. (Al rechazar esta creencia equivocada, quedo en condiciones para

no ser víctima del *fanatismo*, pues este desaparece al quedar sin el soporte impropio que lo respalda).
- No aceptar que puedo llegar a desmerecerme o a carecer de autoconfianza.
- No aceptar que mi sensibilidad alterada o mi susceptibilidad alterada afectan mi convivencia.
- Creer que me conviene el dejarme manejar por debilidades, dependencias o apegos.
- No aceptar que mi Ego desviado de la realidad inherente de mi Yo, me puede manejar.
- Creer que no debo esforzarme para lograr algo.
- Creer que me conviene ser esclavo de lo que me gusta o de lo que me causa placer.
- No aceptar que entre más me conozco así mismo, más minimizo las desviaciones de mi Ego.
- No aceptar que por sentido de responsabilidad con mis compromisos, debo siempre actuar con voluntad, ánimo y disciplina. Al rechazar esta creencia equivocada quedo en condiciones para no ser víctima de *la pereza, la indiferencia, los miedos.*
- Creer que el polemizar me favorece para convencer que tengo la razón.
- Creer que debo cantaletear y gritar para que me entiendan y obedezcan.
- Creer que puedo criticar sin razón y enjuiciar con base en suposiciones.
- Creer que debo vivir pendiente del chisme, escandalizar los errores y las equivocaciones de los demás, esperando con ello sentirme superior a otros.
- Creer que debo depender del que dirán.
- Creer que debo culpar a los demás por mis errores cometidos.

- No aceptar que mis traumas y mis congojas las fabrico yo, cuando me indispongo más de la cuenta por deseos no cumplidos o por ambiciones no satisfechas.
- No aceptar que el dolor y el sufrimiento los puedo convertir en tragedia, cuando no aplico mi sensatez y mi sentido común.
- No aceptar que al sentirme atormentado, disgustado e irritado, se puede afectar negativamente mi salud.
- No aceptar que tanto mi salud física como mi salud mental dependen la una de la otra y por consiguiente, el fortalecer una de ellas desatendiendo la otra, me desfavorece.
- No aceptar que puedo descubrirme fortalezas desconocidas y robustecerlas de mi parte, si me lo propongo.
- Creer que por reconocer y aceptar mis equivocaciones y mis errores, se ofende mi dignidad.

❏ Como bien se puede apreciar en el listado anterior, el detalle común de *las* **creencias sin fundamento real** es el de **no** *apoyarse suficientemente en* **principios de vida sana,** como también en *el de* **no** *apoyarse totalmente en la* **realidad**

❏ Un buen ejercicio para evitar ser dependiente de **creencias sin fundamento real**, es el de determinar dentro del listado anterior, las creencias con las que le parece a uno estar de acuerdo, pues ello exige un análisis a fondo de las mismas, hasta encontrar el por qué la verdad y la realidad no las sustentan. Al no definirse con suficiencia la razón para no depender de ellas, estas continuarán manejándonos.

❏ Cuando una persona se identifica con *creencias sin fundamento real,* es porque encuentra en las mismas, consideraciones "que aparentemente favorecen a la personalidad". En la mayoría de los casos este motivo propicia la *desviación del Ego con respecto a la realidad inherente del Yo y b*ajo estas condiciones, el Ego se entromete de manera impulsiva en la toma de decisiones, sin considerar verdades y realidades que favorezcan a la obtención de resultados sensatos y favorables.

❏ Entre más temprano haya creado dependencia de mi parte, con respecto a una *creencia sin fundamento real*, más dificultad me presenta el querer liberarme de la misma.

Vale la pena resaltar en este momento, que la práctica del Proceso Personal de Humanización es el medio integral apropiado, para evitar que mi ser dependa de creencias sin fundamento real.

❏ Las *creencias sin fundamento real* pueden tener su origen en:

- Creencias culturales
- Desconocimiento o indiferencia respecto a principios favorables para mi humanización.
- Desconocimiento o Indiferencia respecto a las responsabilidades que exige el manejo de mis facultades humanas.

- Desconocimiento o Indiferencia respecto a realidades de la vida.
- Desconocimiento o Indiferencia respecto a realidades de mí ser.
- Justificaciones para "favorecer la personalidad"
- Justificaciones para convivir con sentimientos negativos y con sentimientos de inseguridad.
- No aceptación de realidades por preferir soñar despierto.
- No aceptación de realidades por preferir el empoderamiento de mi orgullo.

❏ Al depender de un Ego desviado con respecto a la realidad inherente de mi Yo, este me origina los siguientes problemas:

- El no aceptarme tal como soy en la realidad.
- El no aceptar que estoy manejado por mi Ego
- El tener que acudir a dependencias y apegos.
- El permitir que mi Ego me aleje de mi compromiso de SER
- Actitud de imponencia hacia los demás.
- Conductas de orgullo, ambición no sana, protagonismo, apariencia, autoengaño y engaño.
- Acciones agresivas.
- Decisiones impulsivas e insensatas.
- Enmascaramientos o mimetizaciones de la personalidad al actuar.
- Comportamientos obsesivos y caprichosos.
- Creación de conflictos e insatisfacciones.
- Traslado de mi culpabilidad a otros.
- Obtención de resultados no deseados.
- Creación de problemas de convivencia.

- Mal manejo de mis estrategias al actuar.
- Autogeneración de emociones negativas.
- Propensión a la irritabilidad.
- Creación de un ambiente adverso que afecta al disfrute de mi salud y de mi tranquilidad.

❏ Resulta irónico concluir, que cuando mi Ego presenta desviaciones con respecto a la realidad inherente de mi Yo, en esas condiciones logra dominarme y entrometerse en mis decisiones, originándome en consecuencia "problemas" en lugar de "favorecer mi personalidad".

❏ Resulta irónico concluir también cuando me autoanalizo, el que en ocasiones le preste mayor atención a problemas insignificantes, dejando de reconocer y atender lo trascendental como es, el mantenimiento y el fortalecimiento que requiere lo valioso de mi condición humana y lo valioso de mi individualidad.

❏ Para solucionar un problema originado por depender de un Ego desviado con respecto a la realidad inherente del Yo, se requiere lo siguiente:

- Determinar los detalles del problema causantes de mi malestar.
- Considerar las manifestaciones emotivas negativas originadas por el problema, pues ellas me "avisan" que existen equivocaciones en mi forma de actuar.
- Analizar el problema a fondo, con conciencia, con sensatez, con sentido común y respetando la realidad inherente de mí Yo, hasta encontrar la(s) causa(s) que originó u originaron mi equivocación al actuar y por consiguiente la desviación de mi Ego.

- Al encontrar su origen, definir conclusiones, verificando si las mismas son adecuadas para solucionar el problema con suficiencia. De no ser así, hay necesidad entonces de profundizar el análisis.
- Sentirme en condiciones para entender que con la solución del problema, puedo evitar el que se me vuelva a presentar otra situación adversa similar.

❏ Como fruto del poder evitar que mi Ego se desvíe con respecto a la realidad inherente de mi Yo, mi ser se favorece en la siguiente forma:

- Poder aceptarme tal como soy en la realidad.
- Evitar que mi Ego me maneje o se entrometa en mis decisiones,
- Utilizar adecuadamente mi sentido común y mi sensatez.
- Poder minimizar mis manifestaciones de emotividad negativa.
- Poder minimizar mis estados de irritabilidad.
- Poder minimizar mis manifestaciones de emotividad por inseguridad.
- Sentirme útil para conmigo mismo y para con los demás.
- Sentirme manejando adecuadamente mi imaginación.
- Sentirme libre de dependencias y apegos.
- Sentirme bien de ánimo para emprender compromisos.
- Fortalecer mi convivencia con los demás.
- Favorecer mi sentido de realización.
- Fortalecer mi maduración como persona.
- Disfrutar de mi salud.

- Disfrutar de mi tranquilidad.
- Actuar siempre en función de la esencia y lo fundamental de mi humanización, es decir, de SER.

Aspectos favorecidos con la Autoevaluación de mis acciones:
- El propiciarme oportunidades para fortalecer mi compromiso de SER.
- El propiciarme la aplicación de principios de una filosofía de vida sana.
- El ampliar mi conocimiento respecto a mis fortalezas, mis aptitudes, mis habilidades
- El ampliar mi conocimiento respecto a las realidades de mí ser.
- El ampliar mi conocimiento respecto a las realidades de la vida
- El acrecentar mi responsabilidad ante el manejo de mis Facultades humanas
- El aprender de mis aciertos, de mis equivocaciones, de mis errores.
- El aprender tanto de lo que me resulta favorable, como de lo que me resulta desfavorable.
- El poder definir mi grado de superación ante las crisis y mi grado de modestia ante los éxitos.
- El ampliar mi conocimiento respecto a mis debilidades, mis dependencias, mis limitaciones.
- El poder darme cuenta cuando realizo mis acciones: impulsivamente, sin conciencia, sin razonar, sin responsabilidad o guiado por imaginación no sana.
- El poder darme cuenta cuando el empoderamiento de mi Ego equivocado me origina problemas.
- El minimizar mi dependencia en cuanto a creencias sin fundamento real.

- El permitirme minimizar las equivocaciones de mi Ego con respecto a la realidad inherente de mi Yo
- El reconocer cuando llevo a cabo mis acciones, por indiferencia en cuanto a mi realización o por falta de voluntad para administrar adecuadamente mi vida.
- El reconocer cuando mis acciones me originan: enfado, envidia, reproche, aversión, orgullo, arrogancia, celos, frustración, fanatismo, impaciencia, odio.
- El reconocer cuando mis acciones las cumplo por: temor, sumisión, dependencia, codicia, capricho, vanidad, impulso.
- El reconocer cuando incumplo mis acciones por: temor, pereza, ingenuidad, comodidad, indiferencia, tristeza, vergüenza, egoísmo, orgullo.
- El darme cuenta cuando mis acciones me implican falta de moderación o equivocaciones en el manejo de mis gustos y deseos.
- El darme cuenta cuando engaño, me autoengaño o me dejo engañar.

Cuestionándome respecto al tema y atendiendo mi criterio, puedo preguntarme:
¿Qué tanto pongo en práctica la AUTOEVALUACIÓN DE MIS ACCIONES para retroalimentar mi Autoconocimiento?

E. RECOMENDACIONES

Los principios fundamentales de la pedagogía son: La libertad, la actividad y la individualidad; propiciando la autonomía, la independencia, la iniciativa, el desarrollo de la voluntad y la autodisciplina.
(María Montessori 1870 - 1952)

Con el fin de favorecer la aplicabilidad del Proceso Personal de Humanización, se mencionan a continuación las siguientes recomendaciones:

❑ *Propiciar el Autoconocimiento desde la niñez.*
Un niño en sus primeros años de vida es una esponja para adquirir conocimientos, sobre todo si se le acoge ayudándolo a descubrir y a definir su perfil, aprovechando sus propias experiencias, sus propios intereses, su propia voluntad, su propia investigación. En consecuencia, la labor de los padres y de sus primeros profesores es de gran importancia para colaborarle en forma discreta e inteligente, con el fin de que el mismo niño "descubra y evolucione" tanto en su Autoconocimiento y desarrollo de sus fortalezas, como en la definición de sus no habilidades. El niño que cuente con este tipo de formación inicial, contará con un potencial humano favorable al desarrollo de su personalidad, lo cual le permitirá abrirse caminos con más facilidad en el transcurso de su vida.

RECOMENDACIONES

❑ *Inculcar tempranamente en los niños el autodesarrollo de su personalidad.*

A medida que avanza el niño en edad y aprovechando su Autoconocimiento, corresponde a sus padres y a sus profesores el propiciarle situaciones que lo lleven a descubrir la trascendencia que para el significa: el ayudarse a sí mismo, el ayudarle a los demás, el respetarse a sí mismo, el respetar a los demás, el ser autónomo, el actuar con sentido común, el saber reconocer lo valioso de los demás, el darle rienda suelta a su creatividad, el ser responsable, el actuar con autodisciplina, el actuar con sentido cívico, el saber ser solidario, el preocuparse por madurar continuamente.

❑ *Preparar tempranamente a los jóvenes para el manejo de su responsabilidad social.*

En este sentido es conveniente aprovechar necesidades y situaciones que requieran del servicio de los jóvenes y que a la vez les propicien:

- La iniciación en cuanto al manejo de su responsabilidad con su vida, con su comunidad, con su mundo.
- La realización de soluciones prácticas favorables al civismo, a la organización, al desarrollo y al medio ambiente de su comunidad.

❑ *Propiciar grupos de diálogo, donde se analicen temas relacionados con el Proceso Personal de Humanización.*

❑ Aunque este Proceso está concebido para *desarrollarlo básicamente de manera personal*, el mismo se presta también para *enriquecerlo de manera grupal*, pues el diálogo, la reflexión conjunta, el aprender de otros, favorece a la introspección y a nuestra complementariedad. Con el fin de que ésta socialización resulte benéfica al crecimiento personal, es condición que en ella exista un total respeto por la individualidad y por la privacidad de las personas integrantes; por lo tanto esta socialización se debe concebir, para que el enriquecimiento grupal se desarrolle en un ambiente exento de "confrontación y polémica", lo cual permite favorecer también, el carácter "Personal" del Proceso de Humanización.

A continuación se cita un listado de grupos de diálogo, en donde es posible socializar las ideas estructurales del Proceso Personal de Humanización:
- Integrantes de una familia.
- Movimientos familiares.
- Clases estudiantiles de Civismo, Psicología, Ética,
- Asociaciones de profesores.
- Asociaciones de padres de familia.
- Espacios organizados por los medios de comunicación en pro de la humanización.
- Charlas de amigos con un interés común.
- Grupos de trabajadores en plan de capacitación.
- Asociaciones de personas que buscan liberarse de su alcoholismo o de su drogadicción.
- Sitios de reclusión.

Epílogo

Particularidades de lo enunciado en la monografía que merecen ser resaltables, por su trascendencia en el alcance de logros favorables al manejar el Proceso Personal de Humanización.

❏ Para la enunciación de los significados de los conceptos manejados en el Proceso, se tuvo especial cuidado para que los mismos se distinguieran por ser concisos, claros y suficientes, respetando a la vez su verdad y su trascendencia. Esta exigencia facilita, el que los conceptos correspondientes al Proceso Personal de Humanización se puedan administrar apropiadamente. Cuando el significado de un concepto no es conciso, claro y suficiente, en esas circunstancias el mismo no se presta para encontrar fácil y satisfactoriamente lo que se desea.

❏ Las definiciones de "SER" y "Poseer" son muy claras para entender la diferencia que existe entre estos dos términos, como también para comprender que el "Poseer debe estar supeditado al SER" si se desea con el Poseer cultivar Felicidad.

❏ No tiene sentido pensar que el "poseer" (dinero, propiedades, poder, fama, imagen, habilidades, conocimientos, sabiduría); por sí solo sea semilla para cultivar la felicidad. Lo que tiene sentido pensar es: que el "Poseer" supeditándolo al SER, sí es semilla para cultivar la felicidad. Bajo esta condición, lo que se "posee" debe ser obtenido de manera sana, administrado en forma sana y su destino debe ser el de utilizarlo responsablemente para fines sanos.

❏ Las definiciones de "Felicidad" y "Placer" son muy concisas para entender la diferencia que existe entre estos dos términos, como también para comprender que el "Placer debe estar supeditado al SER", si se desea con el Placer cultivar Felicidad.

❏ Un compromiso favorable para el buen manejo de mi humanización, es el de actuar considerando "*la aceptación de la realidad*" en todas sus manifestaciones. Ello implica el aceptar las realidades de la vida tal como se nos presentan, el aceptar a los demás tal como son y el aceptarme plenamente a mí mismo, con mis imperfecciones, con mis debilidades, con mis fortalezas, con mi forma de ser.

❏ Mi *valiosa condición humana y mi individualidad*, respaldan mi compromiso en cuanto a *aceptarme plenamente por ser como soy y en cuanto a madurar constantemente como persona*, lo cual implica considerar: que aunque no soy perfecto, si debo estar siempre dispuesto para mejorar mi forma de ser; que aunque no estoy siempre despierto mentalmente, si debo contar con la actitud para estar suficientemente alerta al buscar el desarrollo de mi humanización; que aunque no soy totalmente resistente al dolor y al sufrimiento, si me debo valer de recursos para suavizar las adversidades que se me presentan; que aunque no soy autosuficiente, si debo estar convencido en cuanto la necesidad de apoyarnos unos a otros.

❏ Entre más me conozca, es decir entre más madure como persona, menos propensión presentará mi Ego (quien creo que soy) para desviarse con respecto a la realidad inherente de mi Yo (quien realmente soy).

❏ Al comprender que mi Ego se puede desviar con respecto a la realidad inherente de mi Yo, me es posible evitar esta alteración, con el mero hecho de proponerme en definir las causas de su desvío. Esta actitud me es apropiada también, para que sea Yo quien maneje mi Ego y no lo contrario. Entendido lo anterior, quedo en condiciones para no considerar siempre al Ego, como una "energía negativa inmanejable" que acompaña a los seres humanos.

❏ Cuando se habla del Amor en la presente monografía, se refiere al *Amor para con Dios*, lo cual de acuerdo a la filosofía de vida cristiana implica: *Amar al prójimo como a mí mismo.* Este Amor comprende entonces: al *Amor propio*, al *Amor por vínculo de pareja*, al *Amor por vínculos de familia*, al *Amor por vínculos de amistad*, al *Amor por práctica de la caridad.* En consecuencia, los Principios de Acción y de Actitud del Mandamiento cristiano del Amor, se deben considerar para todas estas manifestaciones del Amor.

❏ El amar a Dios como es Su deseo, me implica: ser responsable conmigo mismo. con mi familia, con mi comunidad, con mi trabajo y exigirme con suficiencia para *convivir en armonía con lo creado*.

- El marco para *el manejo responsable de las Facultades humanas*, es el principio de actuar sin causarnos perjuicio y a la vez sin causarle perjuicio a los demás; en otras palabras, es el principio de actuar practicando una filosofía de vida como la del Amor cristiano.

- Para el manejo responsable de las Facultades humanas nos conviene: estar al tanto en cuanto a conocernos día tras día lo mejor posible, encauzar sanamente nuestras propias habilidades y debilidades, practicar los principios y valores que nos dignifican como humanos y definir un plan personal de vida favorable al cumplimiento de nuestra misión fundamental, como es la de honrar la obra del Creador a todo momento.

- El manejo responsable de las Facultades humanas implica: *el aprovechar estas herramientas con suficiencia*, pues si nos dejamos manejar por la pereza, por la indiferencia, por la negligencia, por el temor, por el orgullo, por el Ego alterado; quedaremos en condiciones de "no aplicarlas, aplicarlas a medias o aplicarlas en forma equivocada"

- El manejo responsable de las Facultades humanas implica también: *el administrar estas herramientas con eficacia*, pues si nos descuidamos en su correcta aplicación, los resultados consecuentes serán diferentes o contrarios a lo esperado.

- La estructuración de la *conciencia* se favorece, al apoyarla en la práctica del sentido común, en el darle prioridad a lo trascendente, en el liberarnos con respecto a convencionalismos que no tienen sentido y en el aprovecharla con mente despierta y abierta.

❏ Un campo de acción de la *imaginación* que merece especial reconocimiento, es el de la *creatividad,* pues con ella se logran convertir sueños y deseos que nos llaman la atención, en realidades útiles y manejables.

❏ Otro compromiso importante respecto al manejo de mi imaginación implica, el que debo controlarla, para que ella respete a todo momento: lo sano, la verdad, la realidad y lo trascendente.

❏ La *lib*ertad no es absoluta, pues para enaltecerla y disfrutarla, debemos ejercerla con *responsabilidad.*

❏ El *sentido común* es la capacidad natural de la *inteligencia*, para ver las cosas como son y para hacerlas como deben ser hechas; es además la manera de enfrentar y resolver con sencillez los problemas que se nos presentan cotidianamente. La aplicación del sentido común no exige que la persona sea erudita, pues este se aprende en el día a día de la vida y en el permanente contacto con los problemas personales.

❏ Un compromiso importante de acción que favorece a la "realización del ser humano", es el *vínculo con el trabajo*. En consecuencia, con la actitud de fomentar e incentivar la creación de fuentes de trabajo, tanto a nivel estatal, como a nivel particular, no sólo se logra humanizar el ambiente de los llamados a laborar, sino que también permite favorecer la productividad de un país.

- Mis *manifestaciones de emotividad negativa* me pueden resultar favorables, si las acepto como *"señales"* que mi mente me trasmite para darme a entender que de mi parte hay necesidad de intervención para *"efectuar correcciones en mi forma de pensar y actuar"*.

- Las manifestaciones tanto de mi *emotividad negativa* como de mi *emotividad por inseguridad,* obedecen por lo general al actuar atendiendo *creencias sin fundamento real.*

- Este Proceso de Humanización implica manejarlo de manera *personal* y en forma *libre*; por lo tanto no conviene entenderlo como un código normativo de aplicación genérica.

- Es necesario tener siempre presente, que para mejorar mi nivel de humanización *"únicamente debo depender de mí mismo"*.

- La configuración del Proceso Personal de Humanización se caracteriza por la interrelación de sus conceptos, los cuales aparecen analizados aquí, no en forma suelta, sino de manera integrada por el mismo. Este proceso, además de proporcionarles coherencia y realce a los conceptos, se favorece con ello para su mejor entendimiento.

- Al manejar el Proceso Personal de Humanización me puedo dar cuenta, que mi "empeño por SER" equivale a:

  - Mi empeño por "HUMANIZARME".
  - Mi empeño por "cultivar mi FELICIDAD".

- Mi empeño por "estar en PAZ conmigo mismo, con los demás y con la naturaleza.

Compromiso que puedo asumir, una vez leída la presente monografía y haber reflexionado sobre los siguientes aspectos:

❏ *¿Conviene a mi responsabilidad de SER, el que me preocupe en mejorar continuamente mi Autoconocimiento, es decir mi estado de madurez como persona?*

❏ *¿Conviene a mi responsabilidad de SER, el que yo practique una Filosofía de vida sana?*

❏ *¿Conviene a mi responsabilidad de SER, el que yo maneje con idoneidad mis Facultades Humanas?*

❏ *¿Conviene a mi responsabilidad de SER, el que yo retroalimente mi Autoconocimiento con la Autoevaluación de mis acciones?*

❏ *¿Me es factible disfrutar la FELICIDAD y LA PAZ INTERNA que se originan, al ejercitar de manera responsable y efectiva el Proceso Personal de Humanización?*

De resultar afirmativas las respuestas a las anteriores preguntas, sólo resta considerar que:

El compromiso de ejercitar con suficiencia el

PROCESO PERSONAL DE HUMANIZACON,

Propicia el disfrute de mi vida.

Una observación final dirigida al lector, es el de recordarle la ***particularidad*** que presenta este estudio, en cuanto al enfoque de los siguientes detalles:

❏ Las ideas de la monografía, presentadas formando parte de un ***proceso,*** favorece el poder entenderlas, manejarlas y aplicarlas adecuadamente. Además como el proceso está construido con base en la autoevaluación y en la retroalimentación, esta estrategia permite poder realizar el mismo, alimentándolo con mejoramiento continuo.

❏ El proceso está concebido para llevarlo a cabo con ***responsabilidad personal***. Por lo tanto debo entender que para mejorar mi nivel de humanización *"únicamente debo depender de mí mismo"*. Como es de comprender, esta dependencia se fortalece con el autoconocimiento, con la autoconfianza, con la disciplina personal y con la concepción de que aunque todos somos diferentes, somos también cada uno de nosotros, seres valiosos en una u otra forma.

❏ Para la enunciación de las ***definiciones*** de los conceptos manejados en el Proceso, se tuvo especial cuidado para que las mismas se distinguieran por ser concisas, claras y suficientes, respetando a la vez su verdad y su trascendencia. Esta exigencia facilita, el poder entender de manera sencilla conceptos tales como: SER, Amor, Felicidad, Placer, Poseer, Ego. Cuando el significado de un concepto no es conciso, claro y suficiente, en esas circunstancias el mismo no se presta para encontrar fácil y satisfactoriamente lo que se desea.

Epílogo

- En el Proceso Personal de Humanización, cuando se habla de *filosofía de vida sana*, se está hablando de una filosofía de vida que conlleve a no causarnos perjuicio, ni causarle perjuicio a los demás. Ante este requisito queda fácil señalar, que la práctica del Mandamiento Cristiano del Amor, cumple a cabalidad con este propósito. Los Principios del Mandamiento Cristiano del Amor son una pauta apropiada para evaluar mis acciones y por consiguiente para fortalecer mi autoconocimiento.

- El *Manejo idóneo de las facultades humanas* es vital para el desarrollo del Proceso personal de Humanización. Como este manejo implica responsabilidad, en consecuencia para aprovecharlas favorablemente, es conveniente supeditar su aplicación a los Principios de una Vida Sana, al respeto de la verdad, al respeto de lo trascendental. Otro compromiso favorable para el buen manejo de las facultades humanas, es el de actuar considerando "*la aceptación de la realidad*" en todas sus manifestaciones; ello implica el aceptar las realidades de la vida tal como se nos presentan, el aceptar a los demás tal como son y el aceptarme plenamente a mí mismo, con mis imperfecciones, con mis debilidades, con mis fortalezas, con mis aptitudes, con mis habilidades y con mi forma de ser.

www.ingramcontent.com/pod-product-compliance
Ingram Content Group UK Ltd.
Pitfield, Milton Keynes, MK11 3LW, UK
UKHW041944230426
12048UKWH00008B/115